D1665705

VON PRAG NACH KÖLN

In Gedenken an Rosa

Anton Legner

VON PRAG NACH KÖLN

Bilderbuch der Erinnerungen

GREVEN VERLAG

»Die Zeit unseres Lebens ist siebzig Jahre,
und wenn es hochkommt, sind's achtzig.
Und ihr Stolz ist Mühsal und Nichtigkeit,
schnell ist es vorbei, und wir schwinden dahin.«

So heißt es in Psalm 90,10. Mein Leben hat diese Durchschnittszahl schon längst überschritten. Es verlief zwischen Krieg und Frieden, war aber auch voller Geschichten, deren Erzählungen die Freunde teils berührten, teils erheiterten. Deshalb rieten sie, aufzuschreiben, was an Erinnerungssplittern übrig blieb. Auch rund um die Ausgangspunkte eigener Forschungsarbeiten – den Teynkirchenaltar in Prag, das Heiltumbuch des Degenhart Pfäffinger in Mühldorf, den Bergkristallpokal in Freiburg, den Apoll des Antico in Frankfurt, den Annoschrein in Siegburg, die Parlerbüste in Köln – ranken sich kleinere Episoden, die mit Erlebnissen zu tun haben, die sie auslösten.

In dieser Rückschau tauchen mitunter dieselben Figuren, Bilder und Personen in verschiedenen Abschnitten des Lebens wieder auf – wie der Monogrammist IP oder der Bergkristall als Pokal, als Reliquiar, als Kreuz und als Leuchter, erscheint Prag mit seinem Antlitz aus Mystik und Glanz, das sich umso mehr verklärte, je weiter es seit 1945 in die Ferne gerückt war, erscheint Köln, »die heilige Stadt«, zwar mit zerstörtem altem Gesicht, aber mit dem erhaltenen Schatz ihrer Heiligtümer. Ein guter Geist lenkte unseren Weg bis hierher, in die *felix Agrippina,* in die von Heiligen und Heiligtümern seit dem Mittelalter reich angefüllte Stadt.

In Forschung und Lehre nahm dieses Mittelalter, das »finstere«, wie Kenntnisarme es zu nennen pflegen, den ersten Platz ein. Diese Zuneigung hat mich nie losgelassen, ja sie wurde größer, je mehr »Tropfen Wissenschaft« ich eingenommen hatte.

Seit meiner Kölner Zeit erging es mir ähnlich wie einst dem Schriftsteller Hjalmar Söderberg (1869–1941), der für sich Heinrich Heine zitierte: »Im Rhein, im schönen Strome, / da spiegelt sich in den Well'n, / mit seinem großen Dome / das große, heilige Köln.« In sein Tagebuch trug Söderberg ein: »Ganz besonders jetzt, wo ich in einem kleinen Wirtshausgarten am rechten Rheinufer, in Deutz, sitze und das große heilige Köln mit dem alten Dom und den zahllosen Kirchen und Türmen sich im blaugrünen, sachte gleitenden Strome spiegeln sehe, eben wie es der Dichter sagt – vielleicht dass der junge Heine einmal selbst hier gesessen und von vergangenen Zeiten geträumt hat, vom Mittelalter, von dessen Romantik auch ich so tief und lange gefesselt war – ja, es hat mich wohl noch immer nicht freigegeben … Oft habe ich mich gefragt, ob ich nicht in jener Zeit meine eigentliche Heimat hätte finden können.«[1]

PRAGER ZEITEN

Zuerst als »Randlböhm« – wie die Österreicher sagen – 1928 in Südböhmen an der Grenze geboren, verbrachte ich die längste Zeit von Kindheit und Jugend in Prag, meiner Heimatstadt. Gern ging ich dort mit meiner Großmutter überall hin, in die Karmelitenkirche auf der Kleinseite zum Prager Jesuskind, auch auf den Heiligen Berg bei Příbram fuhren wir manchmal, und häufig besuchten wir die selige Maria Elekta auf dem Hradschin, die bei mir immer nur »die heilige Elektra« hieß. Nur von der Hostie habe sie sich ernährt, wusste man zu berichten. Ihr begegnete ich Jahrzehnte später wieder, von unserem Freund Karel Stádník gleichsam mumifiziert. Auch die Diebeshand, die verdorrt war, als sie nach dem Geschmeide der Muttergottes in der Thomaskirche gegriffen hatte, und die im Gewölbe am Eingang hing, zählte zu unseren Rundgängen.

Eigentlich wollte ich Zirkusdirektor werden. Als der Circus Krone in Prag gastierte, ging ich auch in seine Tierschau. Dabei freundete ich mich mit einem Schimpansen an und fütterte diesen ganz nahe am Gitter. Auf einmal erfasste den Affen die Gier nach schnellerem Nachschub, und er streckte blitzschnell eine Pfote durch das Gitter, erwischte den längeren Teil meiner Krawatte und zog mich zu sich hin. Um den Hals wurde es eng und enger, bis ein Mann kam und mit seinem Taschenmesser die Krawatte durchschnitt. In der typischen Prager Kleidung, im Bild mit der Fliege statt mit dem beim Affenabenteuer abgeschnittenen Schlips, hörte ich während der Ferien in Oberbayern einheimische Buben sagen: Der kommt bestimmt vom Zirkus, vielleicht bekommen wir von ihm günstige Karten.

Nicht Zirkusdirektor, sondern Pfarrer sollte ich nach dem Willen meiner Großmutter werden. Aus den Altöttinger Wallfahrtsläden hatte sie für meinen Hausaltar im Vorzimmer der Wohnung das erforderliche Altargerät in Miniatur mitgebracht. Ministriert haben meine beiden älteren Schwestern, Zenzi und Anni, doch läuteten sie die Glocken oft aus lauter Übermut an den falschen Stellen der Messe, was eine wilde Jagd über Tisch und Bett zur Folge hatte. Solche und ähnliche Begebenheiten bestärkten meine Großmutter in der Annahme, dass ich vom Teufel besessen sein müsse.

Zum Teufelaustreiben ging sie mit mir ins Kloster Emmaus, wo mich der dortige Pater nicht vom Teufel befreien wollte, mir aber den Segen gab, den die Großmutter hinter mir mit lautem Zischen begleitete. »Hast du gehört, wie der Teufel aus dir herausgefahren ist?«, fragte sie. »Ja, und in Dich hinein«, antwortete ich. An diesen Gang nach Emmaus habe ich mich später noch oft erinnert. Und vielleicht führten diese Vorstellungen aus den Zeiten meiner Großmutter dazu, dass mein Interesse an der Satansgestalt, wie sie die Maler des Mittelalters sahen, nie erloschen ist. Womöglich unter dem Einfluss solcher Kindheitserinnerungen holte ich den *Codex Gigas,* den die Schweden aus Böhmen entführten, 1985 zur Ausstellung *Ornamenta Ecclesiae* nach Köln. Diese Teufelsbibel war mit Satans Hilfe zustande gekommen, berichtet die

»Portrait« des Teufels im Codex Gigas, frühes 13. Jahrhundert, Stockholm, Kungliga biblioteket

Legende. Sein »Portrait« erscheint im Höllenbild neben der Darstellung des Himmlischen Jerusalem. Auch nachgemacht habe ich die Pose des Teufels zum Spaß nicht selten, zum Beispiel in der Krypta des Straßburger Münsters, was dazu führte, dass sich eine Klosterschwester, die ich nicht kommen sah, entsetzt bekreuzigte.

Der Teufel war – vor seiner weitgehenden Verbannung heutigentags – im Mittelalter oftmals auch geprellt worden. Daran erinnert zum Beispiel in der Münchner Frauenkirche die hinterlassene Teufelsspur, die der um seinen Lohn betrogene Satan hinterließ, als er erbost davonfauchte. Und Ödön von Horváth lässt im Märchen *Himmelwärts* den Teufel über einen Intendanten schimpfen: »Solche Leut hab ich gern! Zuerst schließt er einen Kontrakt mit mir, dass er mir seine unsterbliche Seele verkauft. Aber wie er jetzt seinen Kontrakt erfüllen soll, da schlägt er mit Händ und Füß um sich. Pfui!« Gerne habe ich solche Geschichten gesammelt und im schwergewichtigen Buch vom *Artifex*[2] zusammengetragen. Nicht nur Baumeister, Maler und Bildhauer stellten also ihre Kontrakte und Konflikte um ihre Seele dar, sondern auch Intendanten und andere Künstler.

Sehr ungehalten zeigte sich ein Kollege, dass ich dem Teufel in der Ausstellung *Ornamenta Ecclesiae* so viel Platz eingeräumt habe. Doch möchte ich auch heute noch, trotz seiner Verbannung im Bewusstsein der »Moderne«, nicht auf Bilder verzichten, die die Attacken des Teufels zeigen – wie er dem Maler der schönen Maria die Leiter wegbricht oder wie er sich darüber beschwert, dass dieser die Muttergottes so schön und ihn so hässlich darstelle.[3] Nicht viel ansehnlicher sind die vier Teufel in St. Georg auf der Insel

Reichenau, die eine Kuhhaut schleppen. Und der *Lincoln Imp* hockt mit seinen Schabernacks im Gehirn in der dortigen Kathedrale auf seinem alten Platz.

Die Gedanken schweifen zurück bis in die Zeit, als ich noch nicht einmal recht lesen konnte. Auch bei den Folianten aus der Bibliothek meines Großvaters, die in der Waschkommode verwahrt waren und mir 1945 verloren gingen, bleiben sie gerne haften. Mag sein, dass sie Einfluss darauf hatten, was später in Köln an großen Büchern entstand. Für Helmut Börsch-Supan war dies Anlass zu einer Polemik »wider die dicken Ausstellungskataloge« (im Schriften-Fest für Michael Meier, 1985), worauf ich in der Festschrift für Gerhard Bott 1987 antwortete – nicht ohne Beigabe des Teufelsbildes aus dem *Codex Gigas*,[4] dem »größten Buch der Welt«.

Im Erzbischöflichen Gymnasium und im Veitsdom

Im Anschluss an die Volksschule in Straschnitz fuhr ich mit der Tram 22 ins Erzbischöfliche Gymnasium nach Dejwitz. Die gut einstündige Reise mit ihren Ausblicken auf Hradschin und Veitsdom, die Karlsbrücke und die Prager Altstadt war für mich jedes Mal wieder ein schönes Erlebnis. Im Veitsdom konnte man mich häufig sehen, Jan Nerudas (1834–1891) Erzählung *Die St.-Wenzels-Messe* im Kopf. Darin lässt ein Ministrant – auch ich war beim Pfarrer Gargela in unserer Straschnitzer Kirche einer gewesen – in einem kindlichen Traum »totes Gebein« der Gräber und Reliquienaltäre mitsamt den Parlerbüsten

auf der Empore lebendig werden: »Ich sah im Geist all die alten Herren, wie sie den Zug eröffneten, aber sonderbarerweise konnte ich mir den Rumpf und die Beine nicht dazu denken, nur die Büsten schwebten, dennoch schienen sie zu schreiten. Dann werden vielleicht die Erzbischöfe kommen, die hinten in der Kinski-Kammer liegen, nach ihnen die silbernen Engel vom Grabmal des heiligen Johannes von Nepomuk und hinter ihnen, das Kreuz in der Hand, der heilige Johannes. Dann die Gebeine des heiligen Sigismund, nur einige Knöchelchen auf einem roten Kissen, aber auch das Kissen schien zu schreiten.«

Diese Reliquienprozession mit ihren im Traum verlebendigten Akteuren habe ich das ganze Leben nicht vergessen. Auch als ich viele Jahre später im Kölner Dom saß und mich fühlte, als säße ich noch daheim im Veitsdom, fiel mir Nerudas Geschichte wieder ein. Und ebenso standen mir immer die Edelsteinwände in der Wenzelskapelle vor Augen, von Rainer Maria Rilkes Versen begleitet:

> Alle Wände in der Halle
> voll des Prachtgesteins; wer wüßte
> sie zu nennen: Bergkristalle,
> Rauchtopase, Amethyste.
> Zauberhell wie ein Mirakel
> glänzt der Raum im Lichtgetänzel,
> unterm goldnen Tabernakel
> ruht der Staub des heilgen Wenzel.
> Ganz von Leuchten bis zum Scheitel
> ist die Kuppel voll, die hohle,
> und der Goldglast sieht sich eitel
> in die gelben Karneole.

Junge im Veitsdom. Illustration aus:
Jan Neruda, Povídky malostranské,
Prag 1965

Edelsteinwände in der Wenzelskapelle,
14. Jahrhundert, Veitsdom, Prag

Auch ein Leichenzug, der mich sehr bewegt hat, blieb im Gedächtnis haften, der des tschechoslowakischen Staatspräsidenten Tomáš Garrigue Masaryk im Jahre 1937. Es lag eine feierliche Ruhe über der Stadt, und den ganzen Tag über leuchteten alle Straßenlaternen als Zeichen der Trauer. Ein anderer Leichenzug folgte fünf Jahre später. Er galt Reinhard Heydrich, Hitlers Statthalter in Prag. Bei ihm standen Männer in schwarzen Uniformen Spalier, und dumpfe Trommelwirbel begleiteten den unheimlichen Zug. Noch viel beklemmender waren jetzt die langen Züge der Juden, die beim Judenfriedhof auf den Weinbergen auf ihre Deportation warteten.

In der »Stephansgasse«, meiner neuen Schule gleich beim Wenzelsplatz, verschwanden immer häufiger die »Halbjuden« wie einer namens Lewi, der Größte in der Klasse und der Lieblingsschüler des Turnlehrers, weil Lewi so gut turnen konnte. Der Turnlehrer gehörte auch zum Spalier beim Leichenzug für Heydrich.

Ein Lehrer aus dem Reich, der ins damals umbenannte Protektorat Böhmen und Mähren geschickt worden war, gab uns Schülern zur Aufgabe, Wörter zu nennen, deren Sinn nicht ohne Weiteres zu verstehen sei. Ich meldete mich sofort und sagte: »Herrich«. Der Lehrer wusste damit nichts anzufangen, ich konnte den Begriff auch nicht erklären, und er sagte nur: »Setz dich, du Hausdepp!« Doch »Herrich« heißt nichts anderes als »hör' ich«. Ich kannte das Wort von meiner Mutter, die sich schnell das »Kuchelbehmisch« angeeignet hatte, als sie meinen Vater geheiratet hatte und mit ihm nach Prag gezogen war. Die Verbindung zwischen zwei Leuten aus Böhmen und Bayern sollte sich in der nächsten Gene-

ration wiederholen, als Anton nach dem Krieg seine
Rosa fand.

Im Krieg und in Gefangenschaft

»Willst du mit dem Koffer in die Schlacht?«, fragte der
erfahrene Kanonier auf dem Marsch aus der Kaserne in
Weimar, in die ich gerade eingerückt war. Auf der Fahrt
hatte ich vom Zug aus das brennende Dresden gesehen,
das zuvor zerstört worden war. Hinter mir lag der Ab-
schied von meinem Vater, mit dem es kein Wiedersehen
mehr gab, die Luftwaffenhelferzeit in Kbel, Rust und Pil-
sen und der Arbeitsdienst im Böhmerwald, wohin ich
mich gemeldet hatte, um einmal zum Geburtshaus von
Adalbert Stifter in Oberplan gehen zu können, den ich ins
Herz geschlossen hatte. Bei Sturm und Eis war ich dorthin
gestapft und hatte tatsächlich Stifters Haus erreicht.

Jetzt schleppte ich in Weimar einen großen Koffer von
daheim mit, obgleich über und über mit Kriegsgerät be-
hangen, das allein schon den Gang an jenem heißen
Apriltag des Jahres 1945 erschwerte. Das Mitleid mit dem
16-Jährigen konnte ich den Gesichtern der Menschen ansehen, die zahlreich an den Weimarer Straßen standen,
um die ausrückenden Soldaten zu verabschieden. In meinem Koffer befanden sich neben Kommissbroten auch
einige Bücher zu altbayerischen Volkstumsbräuchen, darunter ein Band über den Georgiritt in Ettendorf über
Traunstein. Auf der Straße nach Jena, bei Umpferstedt,
als Tiefflieger eine Marschpause erzwangen, lief ich mit
dem Koffer ins Wirtshaus an der Straße und bat um Auf-

bewahrung »bis nach dem Krieg«. Dreißig Jahre später führte uns der Weg wieder an Umpferstedt vorbei, jetzt in der DDR, und als ich erzählte, dass ich meinen Koffer hier einst untergestellt hatte, ging Rosa in jenes Wirtshaus, um sich dort nach seinem Schicksal zu erkundigen. Er war nicht mehr da.

Die Schlacht an der Saale war vorbei, ehe sie überhaupt begonnen hatte. Mir war befohlen worden, vom Berg ins Tal zu rufen »Panzer aus Frauenprießnitz«, sobald diese erschienen. Als sie kamen, war die Schlacht schnell beendet, und ich legte meine Panzerfaust am Straßenrand ab, mit einem Zettel, auf den ich schrieb: »Achtung, nicht entsichert!« Es folgten mühsame Nachtgänge durch ganz Thüringen, Franken und die Oberpfalz, mit schrecklichen Bildern von Häftlingen des Konzentrationslagers Flossenbürg, die, von ihren Wärtern ermordet, im Straßengraben lagen. In Stamsried geriet ich in die Hände derer, die Rache üben wollten und an den Bäumen am Ortsplatz aufhängten, wen immer sie erwischen konnten. Auch mir hatten sie die Stiefel bereits ausgezogen, da entrissen mich amerikanische Panzersoldaten dem schon sicheren Tod.

In amerikanischer Gefangenschaft gelangten wir bis Mainz, wo man uns dem französischen Militär übergab, das uns auf langen Fußmärschen regelrecht »seckierte«, wie man in Österreich sagt. Einer, der neben mir ging, schrie plötzlich fürchterlich auf, weil ihn ein Schuss am linken Ohr getroffen hatte. Weil auf dem Marsch die hungrigen Gefangenen in die Rübenfelder am Straßenrand ausbrachen, schoss der bewachende Leutnant direkt in die Kolonne hinein. Das Bild von einem mit aufgerissenen Augen am Boden liegenden Erschossenen, über den viele stolperten, kann ich nicht vergessen. Schließlich kamen wir auf ein mit Stacheldraht umsäumtes Feld unter freiem Himmel bei Heidesheim. Das war meine erste Begegnung mit dem Rhein. Vom Wachturm herabgeworfenes Brot bekam jedoch niemand zu verspeisen, da es von der raufenden Menge sofort zerstört wurde. Mir kam es vor, als wären aus den einstigen Soldaten hungrige Wölfe geworden. Später flogen unermesslich viele Bomber auf dem Rückweg zu ihren Standorten über uns hinweg. Gleichzeitig vernahm man ein Raunen, das immer näher kam. Tausende riefen: »Der Krieg ist aus!«, und die meisten fielen sich weinend in die Arme.

IN EINER KLEINEN STADT AM INN

Nach meinem verlorenen Prag kam ich, aus französischer Kriegsgefangenschaft entlassen, nach Mühldorf, der von der hl. Ursula beschützten Stadt am Inn, wo ich bald darauf meine Frau für ein ganzes langes Leben fand. »Schon mancher Schmerz ist ihm zerronnen / beim Anblick gotischer Madonnen / Doch scheint es uns, er hat davon / auch eine Inkarnation.« So dichtete mein Schulfreund Herbert bei der Abiturfeier im Mühldorfer Café Kalchgruber. Im nahen Pürten stand eine dieser gotischen Marienstatuen, näher war die »Inkarnation«, nämlich am Stadtwall, dem Verbindungsweg zwischen meiner Wohnung und der von Rosa. Unser lieber Maler Hans Prähofer (1920–2005) zeigte den Stadtwall später in seinem Bild des Elefanten »Soliman«, der auf seiner Reise von Spanien nach Wien 1552 in Mühldorf Station machte. Gleich dahinter steht die Pfarrkirche St. Nikolaus. Hier saßen wir oft und betrachteten die Fresken und die große Kristallkugel mit dem Bildnis der Stadt, was uns später so vorkam, als seien wir beim althergebrachten »Kristallschauen« gewesen.

Aber die Hauptbeschäftigung neben meinem Studium in Passau und Regensburg waren kleinere und größere Abhandlungen über einheimische Kunstwerke in Mühldorfer Zeitungen, die Rosa in die Redaktion brachte und immer ein gutes Honorar für Weißbier und Brotzeit aus-

handelte, vor allem im Verlag Geiger beim Dr. Tauschhuber. Den *Brunnenbuberln* am Mühldorfer Stadtplatz galt einer der ersten Aufsätze. Dann durfte der Student der Kunstgeschichte in den Semesterferien das Mühldorfer Heimatmuseum, das damals im Nagelschmiedturm untergebracht war, neu gestalten, was später einen Kollegen lachend zur Bemerkung veranlasste: »Legner, das war wirklich eine Jugendsünde!« Auch die Feier zur Wiedereröffnung, die im Rathaus erfolgte, ging nicht ohne Zwischenfall vonstatten. Als sich der Festzug vom Rathaus aus zur Besichtigung aufmachte, sah man aus den Fenstern aller Stockwerke des Nagelschmiedturms dichten Qualm aufsteigen. Ich hatte nämlich in allen Räumen große Pechpfannen aufgestellt und anzünden lassen, um eine festliche Atmosphäre zu schaffen. Als wir eintraten, waren die Zimmer nur noch halb so hoch und die weißen Taschentücher der geladenen Gäste nach Gebrauch pechschwarz.

Besonders interessierte mich schon damals das Heiltumbuch des Degenhart Pfäffinger. Es stand am Anfang meiner Beschäftigung mit der Kulturgeschichte der Reliquienverehrung, die dann in Köln kein Ende mehr finden wollte. Pfäffinger war Kämmerer und Geheimrat am Hofe Friedrichs des Weisen zu Wittenberg. Wir hören Luther über ihn sprechen und schimpfen, denn die Heiltümer und Ablassgewährungen, die Pfäffinger in großer Zahl zusammenbrachte, widersprachen der Auffassung des Reformators. Für mich war das Buch mit seinen reizvollen farbigen Federzeichnungen und köstlichen Beschreibungen ein Dokument zwischen den Zeiten. Später, als das »finstere Mittelalter« sich in vielen Köpfen immer tiefer

Herr Degenhart pfeffinger Salb[...]
kirchenn Erbe marschalck in Nider[...]

❖ Pairn ic ❖

Heiltumbuch des Degenhart Pfäffinger,
entstanden zwischen 1511 und 1515

Anfencklich von dem Acker domas tonne
genant Darauß got Adam gemacht hat

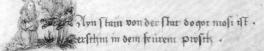

Ayn stain von der stat do got mosi ist
erschin in dem feuren prosth

Ayn groß taill der hütten mosi do mir
er groß wunder gethan hatt

Ayn Stück vonn den fünf gyrstenn
poot die vberplieben do got fünff tauset
menschenn gespeist hatt

Von dem Acker der pilgeram der vmb
xxx d isterkawft worden gotz acker genant

Ayn kerzenn — gemacher vonn dem ertrich darauß
des Heiligenn plut Ihesu cristi ist vnder den
crauitz resprengt ist die kerzen donn augspurd

eingenistet hatte, dachte ich oft an jenes Buch im Mühldorfer Stadtarchiv, das ich ins Heimatmuseum ausleihen
konnte, wo es sich schon einmal befunden hatte, nachdem
es in einer Altpapiersammlung gefunden worden war.

Noch zwei weitere Lebensthemen haben in der Mühldorfer Zeit ihren Ausgang genommen. Das eine war die
Skulptur aus der Zeit Hans Leinbergers und Albrecht Alt-
dorfers zwischen Salzburg, Passau und Regensburg, ein
Thema, das in Freiburg als Dissertation angenommen
wurde. Das andere begegnete mir in Gestalt des Malers
Wilhelm B. auf seinem Epitaph in der Vorhalle der Stadt-
pfarrkirche. Vielleicht war es dieser in Mühldorf tätige
Maler, der mein anhaltendes Interesse an Darstellungen
von Künstlern im Mittelalter und in nachfolgenden Zeiten begründete.

ZWISCHEN ALPEN, DONAU UND MAIN

Das Land zwischen Inn, Salzach und Isar war sozusagen unser Revier. Altötting natürlich zuerst, die Gnadenkapelle und der *Tod von Eding* in der Stiftskirche nebenan. Dann München mit dem *Schutzengel* von Ignaz Günther im Bürgersaal und Gars mit seinem Katakombenheiligen Felix. Aber auch die unübertroffen schöne Barockkirche in Rott am Inn, die Fraueninsel im Chiemsee, Salzburg mit dem Loretokindl und der Kirche Maria Plain, Landshut mit dem Epitaph des Baumeisters Hans Stethaimer und der Rosenkranzmadonna von Hans Leinberger an und in der Martinskirche. Auch in Passau und Regensburg, den beiden Städten, in denen ich die ersten Hochschulsemester zubrachte, begegnete ich Werken, mit deren Themenkreisen ich mich jahrzehntelang befassen sollte. In Passau, wo die Leute zum damaligen Zeitpunkt riefen »d'Währung kimmt«, traf ich wieder auf den »Donaustil«, in Regensburg kreiste vieles um ein uraltes Gnadenbild, die *Schöne Maria* in der Alten Kapelle.

Zudem hatte ich hier Begegnungen der unterschiedlichsten Art, zum Beispiel bei der Immatrikulation, wo sich ausgerechnet ein Biologielehrer aus der Stephansgasse anmeldete, den ich auch im Spalier für Heydrich stehen sah und der nun ein neues Studium beginnen wollte. Aus Prag stammte auch der vertriebene Hochschulprofessor, der zweimal in der Woche aus Bamberg mit einem lädierten Handköfferchen ankam und reizvolle archäologische Vorlesungen hielt. Für ihn habe ich immer ein Mittagessen von der Schulspeisung im Kreuzgang des Dominikanerklosters, dem damaligen Sitz der Hochschule, aufgehoben. Ich nächtigte am anderen Donauufer auf einem in Prüfening entliehenen Feldbett, zu dem meine seltsame Vermieterin die Bettdecke beisteuerte, unter der sie eine Schüssel mit Kürbiskompott für mich aufbewahrte. Rettung aus dem eiskalten Zimmer brachte erst der morgendliche Weg über die Alte Brücke in die wunderbare Stadt.

Als wieder wärmere Zeiten anbrachen, erkundeten wir das Land bis zum Lech und zum Main und darüber hinaus und waren froher Dinge. Dann fuhren wir im Sommer 1949 von Mühldorf aus bergauf und bergab bis in die Wieskirche, die wir als besten Ort für unsere Verlobung ausgesucht hatten. Am Abend überlegten wir, wo wir den gemeinsamen Weg fortsetzen wollten. Die Wahl fiel auf Freiburg im Breisgau mit seinem herrlichen Münster und seiner Nähe zu Straßburg.

Hochaltar im Freiburger Münster von
Hans Baldung Grien, um 1512–1516

FREIBURG IM BREISGAU

So reisten wir dorthin und kamen in eine zerstörte Stadt, von deren Münsterturm Engel über der Trümmerwüste ihre Posaunen bliesen. Der Münsterpfarrer traute uns vor dem Altar, dessen Tafeln Hans Baldung gemalt hat und der im Chor des Gotteshauses steht, den die Parler errichteten, sozusagen Weggenossen von Prag bis Köln. Zur Hochzeit schickte uns der Heimatbund aus Mühldorf eine Gratulation, auf der wir im siebten Himmel schweben und – so heißt es weiter – Altertum und Neuzeit miteinander verbinden.

Gleich am Tag nach der Trauung hielt ich im Institut für Kunstgeschichte mein erstes Referat. Es befasste sich mit dem Schongauer-Bildnis in der Münchner Alten Pinakothek, ein zweites folgte über den Maltererteppich im Freiburger Augustinermuseum. Auch fesselten uns damals die Worte von Martin Heidegger, der ehedem zusammen mit meinem Doktorvater Kurt Bauch die Freiburger Universität nach Athener Muster umgestalten wollte. »Das Nichts nichtet«, dozierte der Existenzialist im überfüllten Hörsaal. Ansonsten war ich nachts bei der *Badischen Zeitung* als ungelernter Korrektor tätig und tagsüber mit meiner Dissertation beschäftigt, die Rosa, wenn sie abends vom Verlag nach Hause kam, mit der Schreibmaschine auf Papier übertrug, das in Stärke und Farbe unterschiedlich war, wie es zu jenen Zeiten eben gerade aufgetrieben

werden konnte. Mein einziges Exemplar hat sich die Groß-nichte Verena ausgebeten, nicht des Inhalts wegen, sondern wegen des Aussehens einer Diss aus den Fünfziger-jahren des vergangenen Jahrhunderts.

Nach der Promotion folgte das Volontariat im Augustinermuseum. Die erste Führung galt dem damals hochgeschätzten Ernst Barlach. Aber mein eigentliches Interesse richtete sich auf einen neu erworbenen Bergkristallpokal, dessen Erforschung ich mich sogleich zuwandte. Dadurch wurde Hans R. Hahnloser (1899–1974) auf mich aufmerksam, der mich seitdem seinen »Mitstrahler« nannte, weil sich die Bergkristallsucher in den Schweizer Alpen »Strahler« nennen. Zu Weihnachten schenkte Rosa dem neuen »Freiburger Strahler« einen solchen Kristall aus den Alpen, der uns durch das ganze Leben begleiten sollte.

Beim Anblick des Kristallpokals musste ich oft an Goethes *Faust* und an Ludwig Uhlands Gedicht *Das Glück von Edenhall* denken. Bei Goethe heißt es:

Nun komm herab, kristallne reine Schale!
Hervor aus deinem alten Futterale, (…)
Du glänztest bei der Väter Freudenfeste, (…)
Der vielen Bilder künstlich reiche Pracht. (…)
Der letzte Trunk sei nun, mit ganzer Seele,
als festlich hoher Gruß, dem Morgen zugebracht!

Und bei Uhland:

> Das hohe Trinkglas von Kristall,
> Sie nennen's: das Glück von Edenhall. (…)
> Hält in der Hand noch den Kristall,
> Das zersprungene Glück von Edenhall.

»Meinem« Freiburger Bergkristallpokal begegnete ich später wieder: Er schmückte 1997 den Umschlag eines Katalogs zum Breisgauer Bergkristallschliff[5] – vierzig Jahre nach meinem Einstieg in die Kunstgeschichte des Freiburger Bergkristallschliffs. Doch die Tonlage war eine andere geworden. Ich las hier jetzt, »dass das steinbearbeitende Gewerbe und die Händler bereits in Antike und Mittelalter solche Dinge« (angesprochen ist die Symbolik des Bergkristalls) durch Gewerbetreibende und Kristallhändler »erheblich nüchterner sahen als klerikale und humanistisch gebildete Auftraggeber«. Und die Anmerkung 64 erläutert: »Zu den höchst profanen Gründen, im Mittelalter Edelsteine zu sammeln – etwa Demonstration von Reichtum, Entfaltung von Pracht und Erzielung bester Gewinne, siehe Richard Kieckhefer: Magie im Mittelalter, München 1995, p. 119.« Dazu passend und bildungsergänzend ein weiteres Gedicht von Rilke:

> *Der Reliquienschrein*
> Draußen wartete auf alle Ringe
> und auf jedes Kettenglied
> Schicksal, das nicht ohne sie geschieht.
> Drinnen waren sie nur Dinge, Dinge,

die er schmiedete; denn vor dem Schmied
war sogar die Krone, die er bog,
nur ein Ding, ein zitterndes und eines
das er finster wie im Zorn erzog
zu dem Tragen eines reinen Steines.
Seine Augen wurden immer kälter
von dem kalten täglichen Getränk;
aber als der herrliche Behälter
(goldgetrieben, köstlich, vielkarätig)
fertig vor ihm stand, das Weihgeschenk,
dass darin ein kleines Handgelenk
fürder wohne, weiß und wundertätig:
blieb er ohne Ende auf den Knien,
hingeworfen, weinend, nicht mehr wagend,
seine Seele niederschlagend
vor dem ruhigen Rubin,
der ihn zu gewahren schien
und ihn, plötzlich um sein Dasein fragend,
ansah wie aus Dynastien.

Im Anschluss an die Volontärzeit im Augustinermuseum
kam ich als Assistent an das Institut für Christliche Ar-
chäologie der Freiburger Universität zu meinem Lehrer
Johannes Kollwitz. Gleich neben meinem Arbeitsplatz
stand die Marmorstatuette eines Hirten mit dem Lamm
auf der Schulter. Ihr ständiger Anblick brachte mich dazu,
das Thema des Guten Hirten über die Spätantike hinaus
zu verfolgen. Jetzt traf ich den *Pastor bonus* überall: in
Ordensregeln der Klarissinnen, wo Schwester Sibilla zu
seinen Füßen betet und schon erlöst in seinem Arm sitzt,
oder zusammen mit seinen Aposteln oder als Christkind

oder als Schmerzensmann oder auf Kanzeln der Barockzeit. Auch unser Münchner Freund, der Bildhauer Heinrich Kirchner (1902–1984), hat den Guten Hirten eindrucksvoll dargestellt.

Die Szene wechselte für einige Monate nach Resafa im Norden Syriens, wo Johannes Kollwitz schon länger andauernde Grabungen fortsetzte, zu denen er mich mitnahm. Über Damaskus, Aleppo und Rakka ging die Reise in die Wüste. Am Grabungsort hatte ich die vielen Arbeiter medizinisch zu versorgen, was bedeutete, dass alle vor meinem Zelt standen, jeder auf Kopf und Bauch zeigte und ich jedem zwei Tabletten reichte, die sie wieder zu Geld machten. Nur als einmal einer nach einem Schlangenbiss darniederlag, gab mir der Apotheker missverständlicherweise ein Mittel gegen Mondsucht mit, das nicht zur Heilung beitrug.

Unser Architekt hat den schönen Speiseplatz an der alten Stadtmauer gezeichnet und im Bild den Koch festgehalten, wie er mit seinem Revolver auf eine Schlange schoss, die aus der Spalte züngelte. Vor Schlangen hatten wir großen Respekt, mit Skorpionen, die sich hauptsächlich im Bett aufhielten, lernten wir dagegen bald umzugehen. Ein in Alkohol eingelegtes Exemplar brachte ich nach Hause, dazu viel Baklawa und ausgegrabene islamische Keramikscherben, deren Bearbeitung zu einer meiner weiteren Aufgaben gehörte.[6]

Zurückgekehrt aus Syrien stand schon der nächste Umzug bevor, und wir verabschiedeten uns von liebgewordenen Stätten wie Breisach und Colmar. In Straßburg hatten wir immer das Selbstbildnis von Niclaus Gerhaert von Leyden im Musée de l'Œuvre Notre-Dame aufgesucht.

Unsere Freunde machten dazu eine echt elsässische Collage. Zu Straßburg gehörte unbedingt auch ein Besuch des Restaurants »Hillig Grab«, dessen Wirt beim Lebewohl meinte: »Jetzt langt's aba aa!«

FRANKFURT AM MAIN

Ein ganzes Lebensjahrzehnt füllte das Liebieghaus am Schaumainkai in Frankfurt mit seiner von Georg Swarzenski begründeten Skulpturensammlung aus. Es liegt nur wenige Schritte vom Städel Museum entfernt und vom Café an der Mainbrücke, in dem Max Beckmann oft saß. Auf einmal galt ich in diesem »Museum alter Plastik« mit Villa und Park als Spezialist für jegliche Art von Skulptur, ganz gleich ob sumerisch oder ägyptisch, griechisch, römisch oder chinesisch, mittelalterlich oder barock. Bevor im Keller der alten Villa Liebieg die ägyptische Sängerin Taika dank meiner Beleuchtungskunst ihre Augen offen hatte oder niederzuschlagen schien, musste noch eine Entrümpelung der Räume erfolgen. Sie waren derart voll mit aufgestapeltem Gerümpel, darunter Hunderte leere Weinflaschen des Jahrgangs 1906, dass Hunde der Polizei, die nach einem Alarm herbeigerufen wurde, sich darin verfingen und befreit werden mussten. Hier richteten wir unsere damals vielbeachteten Studiensammlungen ein.[7]

Unter meinem Arbeitszimmer unterhielten sich pausenlos Mütter, während ihre Kinder herumtobten. Als ich mich beschwerte, fragten sie: »Wo sollen wir denn sonst hingehen?« »Unten an den Main«, schlug ich vor, darauf die Mütter: »Dort fallen sie ins Wasser«. Ich sagte: »Dann hört endlich das ewige Geschrei auf.« »Sie sind ja ein

Teufel«, schrien die Mütter, und der Gang mit meiner Großmutter nach Emmaus kam mir wieder in den Sinn.

Im vornehmsten Raum des Museums mit der *Athena des Myron* platzierten wir das neuerworbene Fragment eines Kindersarkophags aus der Zeit Kaiser Konstantins. Unter dem Bild des verstorbenen Kindes liegt Jonas, von Ketos ausgespien, unter der Kürbislaube, wie der schlafende Endymion, ein Gleichnis des Ruhens im Frieden. Auch Christi Bild mit sanftem Antlitz zeigt die Hoffnung für das betende Kind an. Fast gleichzeitig konnten wir auch eine hundert Jahre ältere Reliefplatte erwerben. Sie zeigt das Bildnis der Verstorbenen im Blätterkelch mit ondulierter Perücke, wie sie Julia Domna trug, die Gattin von Septimius Severus. Meine Wertschätzung der altchristlichen Kunst hatte ich aus der Freiburger Schule von Johannes Kollwitz nach Frankfurt mitgebracht. Hier verbanden sich Antike und Christentum in Kultur und Kunst!

Anticos *Apoll vom Belvedere*

Ein besonderes Erlebnis war die Entdeckung einer der schönsten Antico-Statuetten im eigenen Museum. In der Vitrine mit italienischen Renaissancebronzen stand *Bacchus im Weinlaub,* den ein Fachmann für römische Provinzialkunst aufgrund der charakteristischen Aufsteckvorrichtung als Werk aus dem Altertum erkannte. Nicht aus Florenz oder Padua um 1500, wie die Beschriftung bis dahin lautete, stammte der im Weinlaub stehende heitere Gott, sondern aus dem Zeitalter Hadrians. Demzufolge

*Einladung ins Liebieghaus in
Frankfurt am Main*

wanderte er zu seinesgleichen. Nun fehlte freilich ein geeigneter Ersatz für den an prominenter Stelle präsentier-
ten Bacchus. Der schwarz lackierte *Apoll vom Belvedere*,
der unten in der Vitrine stand, sollte seinen Platz einneh-
men. Als ich die Statuette in die Hand nahm, um sie um-
zustellen, blitzte an einer winzigen Stelle etwas golden auf,
als ob die Figur darauf aufmerksam machen wolle, was
sich unter ihrem dunklen Anstrich verbarg. Vielleicht gar
ein Antico, ging es mir durch den Kopf. Es gehörte schon
lange zu den Wunschgedanken, eine Bronze von ihm zu
besitzen. Der Sammler Jantzen in Bad Homburg besaß
eine solche, einen jugendlichen Herkules, und lockte mit
ihr zum Besuch. Als Friedrich Schwarz, unser Restaurator, den Zustrich entfernt hatte, erschienen tatsächlich
die für Antico typischen silbereingelegten Augen, die ur-
sprüngliche Vergoldung an Haar, Köcher, Bogen und San-
dalen kam zum Vorschein, und auf dem Köcherband
prangte zudem die Signatur ANT. Eine apollinische Epi-
phanie! Manch einer meinte scherzhaft, das Monogramm
hätte erst ich veranlasst und der Restaurator habe es aus-
geführt.[8]

Manches Bildwerk im Liebieghaus wies gleichsam voraus auf kommende Lebensabschnitte wie die Muttergottes
mit dem Bergkristall, anderes wiederum erinnerte mich
an vergangene Tage wie die besonders kleine Christus-Jo-
hannes-Gruppe, die einst im Freiburger Kloster Adelhau-
sen stand. Aber auch Christian Wenzinger war zugegen
mit seinem Selbstbildnis und dem *Staufener Ölberg*, den
ich museal zu inszenieren versuchte. Jedenfalls fand Swar-
zenskis Skulpturensammlung, die der Berliner Museums-
direktor Wilhelm von Bode bei ihrer Gründung arg ge-

schmäht hatte, meine ganze Sympathie, was sich auch in kleineren und größeren Forschungsarbeiten etwa zu Anticos Apoll oder zum Alabasteraltar aus Rimini niederschlug.[9]

Schlossmuseum Linz

Fritz Dworschak lud mich in Wien ein, an der für 1965 geplanten Ausstellung *Kunst der Donauschule* in St. Florian mitzuwirken und dafür den Skulpturenteil zu erarbeiten. Dieser sollte im hergerichteten Linzer Schlossmuseum installiert werden. Eine intensive Reisetätigkeit zur Erlangung der Leihgaben setzte sogleich ein, der erste Besuch führte selbstredend nach Prag. Hier trafen wir auch den Restaurator Karel Stádník, der in Podkozí gerade dabei war, den vielteiligen Flügelaltar aus der Teynkirche von seiner späteren Übermalung freizulegen. Im Linzer Schloss schaute ich gespannt zum Fenster hinaus, über die Donau, die damals noch die Grenze der sowjetischen Aufsicht über das neutrale Österreich bildete, wann die versprochenen Leihgaben aus Prag endlich kämen, für deren Präsentation schon alle Vorkehrungen getroffen waren. Knapp vor der Eröffnung brachte unser neuer Prager Freund die ersehnten Reliefs und Figuren zusammen mit den Zlichover Tafeln aus der Prager Nationalgalerie. Ein lautes Pfeifen auf der Donaubrücke kündigte die ersehnte Ankunft an. Die Lokomotive zog nur einen einzigen alten Güterwagen, in dem auch Stádník unter allen seinen mitgeführten Schätzen saß, mit dem Teynkirchenaltar des Monogrammisten IP, dessen *Bewei-*

nung Christi aus St. Petersburg, damals noch Leningrad, schon früher eingetroffen war.

Als ich dann für einige Tage verreist und wieder zurückgekehrt war, begrüßten mich die Wachen am Eingang mit einem überraschten »Jesaß!« Sie meinten, der Deutsche sei jetzt fort und sie hätten endlich wieder ihre Ruhe. Ich hatte nämlich alle Skulpturen von den starken, sie direkt anstrahlenden Spotlights befreit. Die ästhetisch wie konservatorisch verwerfliche Untugend des Anstrahlens von Skulpturen haben sich viele Fachleute, selbst Kunsthistoriker und Architekten, bis heute nicht ausreden lassen.

Zurück nach Frankfurt. Im Liebieghaus stand im obersten Stockwerk ein größerer Raum leer, der dem Münchner Maler Arno König zur Ausführung von Aufträgen Frankfurter Familienporträts überlassen werden sollte. Für die Zeit seiner Arbeit sollte er bei uns wohnen, wo er auch seinen *Hans im Glück* malte. Aber als sich Arno in einem Bild ganz klein und verängstigt als Hänsel im Käfig darstellte und Rosa als Hexe im Lebkuchenhaus, die seinen Finger untersucht, war Rosa beleidigt. Der missverstandene Künstler hat das schöne Bild daraufhin zerrissen und in den Papierkorb geworfen, aus dem ich es nach meiner Heimkehr geborgen und zusammengeklebt habe. Ein besonderes Erinnerungsstück ist so bewahrt geblieben.

Arno hat bei uns immer viel gezeichnet, so auch nach einem heiteren Mittagessen mit uns, meiner Mutter und meiner Schwester Anni. Weil meine Schwester unsere Mutter geschubst hatte, zeigt die Zeichnung einen aus dem Grabe herauswachsenden Arm und zitiert auf dem Grabkreuz den Ausspruch unserer Mutter: »Hier ruht die

Arno als Hänsel, Rosa als Hexe, 1963

1963

scheinheiligmäßige Jungfrau Anni Legner, die ihre Mutter geschlagen hat«. Später wurde Rosa sehr krank, und Arno zeichnete sie als Schneewittchen im Bett, umgeben von weinenden Zwergen, die meine Mutter, Anni und mich darstellen. Der 1894 geborene König war ein guter Freund von Heinrich Kirchner (1902–1984), dessen Bronzearbeiten uns schon immer besonders angezogen haben.

In Sachsenhausen, dem »Ding Frankfurt gegenüber«, wie Goethe es nannte, wohnten wir in nächster Nähe zu Städel und Liebieghaus und auch ganz nah an »Frau Rauscher aus der Klappergass«, was zur Folge hatte, dass wir mit unseren alten und neuen Freunden am liebsten beim »Äppelwoi« in der Schweizer Straße zusammensaßen. Manche werden sich an solche Stunden gerne erinnert haben – zum Beispiel Otto Wutzel aus Linz, die Kropáčeks und die Stádníks aus Prag oder der später nach Israel ausgewanderte Michael Liebmann aus Moskau.

KÖLN

Eines Tages kam Kurt Hackenberg (1914–1981), Kölns sehr geschätzter Kulturdezernent, ins Liebieghaus, um sich persönlich einen Eindruck von meiner Arbeit zu verschaffen. Ich hatte hier gerade die Studiensammlungen eingerichtet. Besonderes Interesse zeigte Hackenberg am Fleckerlteppich beim Eingang, was er mit der Bemerkung verband, demnächst in Köln höhere Anforderungen zu stellen, als dies in Frankfurt möglich sei, das damals geradezu bewundernd auf die Museumsstadt am Rhein schaute. Aber als ich dann später in Köln in einer Direktorenkonferenz sagte, ich sei gegenüber den anderen Museen, insbesondere der Sammlung der Kunst der Moderne, die »arme Kirchenmaus von St. Cäcilien«, rief mir Hackenberg in Anspielung auf meine Prager Herkunft zu: »Schwejk, sei still!«

Vielleicht hatte der Kölner Humor auch den Kulturdezernenten angesteckt. Denn dieser war den Kölnern in ihrer immer noch halbzerstörten Stadt nicht ganz abhandengekommen, sonst hätten sie Ernst Barlachs Gedenkmal in der Antoniterkirche nicht in »Käthe Kollwitz als Rakete« umbenannt. An Kurt Hackenberg muss ich oft denken, aber auch an Hermann Schnitzler (1905–1976), meinen Vorgänger am Schnütgen-Museum. In seiner Abschiedsrede sagte er: »Und so rufe ich meinem Nachfolger mit dem Dr. phil. Serenus Zeitblom zu, dass Kultur recht eigentlich die fromme und ordnende, ich möchte

sagen, begütigende Einbeziehung des Nächtig-Ungeheu-
ren in den Kultus der Götter ist. Sollen Ihnen, lieber Anton Legner, nach Witte und Schnitzler dem dritten Leiter
des Schnütgen-Museums, die Götter im Sinne solch einer
begütigenden Einbeziehung in die Kölner Museen gewo-
gen sein.«

Bei Grete Brabender, der bekannten Restauratorin, die
uns immer kölsche Gerichte auftischte, begegneten wir
Hans Bender, dem Kölner Schriftsteller, der mit Hans
Georg Schwark im selben Haus in der Taubengasse 11
wohnte und unser Leben mit seiner Dichtkunst und seinen Büchern bereicherte. Dazu lieferte Schwark Heiteres
aus der Welt der Poesie, das er für uns passend fand.

Der Heribertkamm – zum Ordnen
der Gedanken

In den damals sich ausbreitenden Revolutionszeiten der
Kunstgeschichte empfahl ich der aufgebrachten Schar jun-
ger Kollegen, die in die schon volle Bibliothek des Museums drängten und eine Diskussion mit dem hier versammelten Vereinsvorstand forderten, sie sollten sich zuerst
ins Museum begeben und dort vom Kamm des hl. Heribert ihre Gedanken ordnen lassen; das sei sein liturgischer
Zweck gewesen. Aber einer rief mir von der Treppe aus zu:
»Herr Legner, wir kennen den Heribertkamm und brau-
chen keine Ordnung der Gedanken, sondern wollen an
dieser Besprechung teilnehmen.« Denn an der Kunsthalle
war ein Zettel angeschlagen, auf dem stand: »Kommt jetzt
alle zur Sitzung ins Schnütgen-Museum!«

Seit der Ausstellung *Rhein und Maas* im Jahre 1972 bezeichneten mich Kollegen gern als ein »Relikt idealistischer Erlebnisästhetik«, und mancher Student, dem ich etwas von der Aura sakraler Gegenstände am Beispiel unseres großen Bergkristallkreuzes zu vermitteln suchte, fragte stotternd, ob er sich überhaupt in einem kunstgeschichtlichen Kolleg befinde oder nicht versehentlich in eine religiöse Veranstaltung geraten sei. Unter den Studierenden saß damals auch Udo Mainzer, der spätere Landeskonservator des Rheinlands, dem diese Lehrveranstaltung sichtlich viel Vergnügen bereitete.

Die Goldene Kammer

Insbesondere die Goldene Kammer von Sankt Ursula hat mich in ihren Bann gezogen.[10] Beim jungen heiligen Ritter kam mir überdies gleich wieder Nerudas Wenzelsmesse in den Sinn. Die Welt der Kölner Reliquienkultur war mir von Anfang an vertraut und nicht fremd. Dass hier im Jahre 2008 die Messe zu meinem 80. Geburtstag gefeiert wurde, hat mich eigentümlich berührt, auch dass bei ihr der gute Freund von Rosa und mir, Martin Seidler (1960–2015), ministrierte, der so eng mit der Goldenen Kammer und den Kölner Heiltumskammern wie mit uns beiden verbunden war.

Für uns war die Goldene Kammer weder eine »Schreckenskammer«, wie das benachbarte Lokal heißt, noch »eine morbide Kölner Sehenswürdigkeit«, wie sie der Comic-Zeichner Ralf König nannte. Ihren Sinn hat eher Johanna Schopenhauer erfasst, die 1828 schrieb: »Viele Tau-

Kamm des hl. Heribert, Metz, um 870,
Museum Schnütgen

55

sende unendlich zarter menschlicher Gebeine sind hier recht zierlich in verschiedenartigen Mustern dicht aneinandergefügt und bekleiden alle Wände von oben bis unten mit dem seltsamsten schauerlichsten Mosaik, das sich nur denken lässt. Es sind die Überreste der heiligen Jungfrauenschar, deren auf dem alten ager Ursulanus, auf welchem die Kirche steht, von den frommen Einwohnern von Köln schon vor vielen Jahrhunderten noch eine weit größere Anzahl ausgegraben wurde, als hier versammelt ist.« Unzählige Knochen bilden Ornamente und Zeichen, Sinnbilder und Buchstaben; ausgegrabenes Gebein einst lebender, für heilig gehaltener Menschen formt sich zu Gebetsanrufungen im Gewölbe des Kapellenraumes, der heute wieder im alten Glanz seiner andachtsvollen Ausstattung erscheint.

Papageien und Hühnerknöchelchen

In den Zeiten, in denen ich mich mit der Kölner Reliquienkultur beschäftigte, begegnete ich ganz unterschiedlichen Ausdeutungen dieser Thematik. So malte 2013 Madeline von Foerster mit liebenswürdigen Gedanken eine Darstellung, die sie *Cologne Lovestory / Kölner Liebesgeschichte* nannte. Zugeflogene und in Köln heimisch gewordene Papageien ausländischer Herkunft richten in den Schädelknochen einer Ursulabüste ihr Nest ein. Die mir zugesandte Abbildung ihres Gemäldes hat mich eigentümlich berührt. Auch vor unserem Fenster stellen sich die Papageien als alte Bekannte immer wieder ein.

Hella von Sinnen bekannte hingegen in einem Ausstellungskatalog des Kölnischen Stadtmuseums: »Das ist das

Schöne: Ich weiß eigentlich nichts.« Doch habe sie einen Kabarettisten im Fernsehen sagen hören: »Es waren elf Jungfrauen – aber damit sie mehr Gebeine verkaufen konnten an die Pilger in Köln, haben sie 11 000 draus gemacht, um noch das eine oder andere Hühnerknöchelchen mitverkaufen zu können – und das wäre der Beginn des Kölschen Klüngels gewesen.«[11]

Man kann sehen, in der Betrachtungsweise unterscheiden sich die Mentalitäten und auch ihr Verhältnis zum Mittelalter, das den einen »strahlend« erscheint, für die anderen aber in Finsternis verharrt, je nach Wissen, Fantasie, Bildung und Einstellung.

Konrad von Hochstaden – eine verlorene Wette

Oft wenn ich in unsere Bücher schaue, treffe ich auf Eintragungen« meiner Frau. »Von Rosa an Anton 1980« heißt es in der alten Schrift von Jacob Burckhardt über Conrad von Hochstaden, deren Vorwort mit dem Satz schließt: »Denn die Geschichte ist nicht vorhanden um der Merkwürdigkeit willen, sondern um die Vergangenheit mit der Gegenwart zu vermitteln.« Hochstadens Grabstatue im Kölner Dom bezeichnet Burckhardt als ein »Werk von wunderbarer Schönheit«, und an anderer Stelle schreibt er unter dem Eindruck des Grabbildes: »Konrad war ein schöner, kraftvoller Mann mit beinahe griechischen Gesichtszügen.« Solche Klassik, meinte ich, würde der Kunst der Gotik nicht entsprechen, und schloss sogar eine Wette ab, dass die schwer zerstörte Bronzestatue im 19. Jahrhundert neu gegossen worden sei. Mit erheblichem Aufwand hob ein Kran die schwere Figur hoch, und als sie umgedreht war, zeigte sich, dass ich zwar die mit den Domleuten geschlossene Wette (zehn Flaschen Wein) verloren hatte, doch konnten gleichzeitig viele neue Erkenntnisse gewonnen werden – über ein einzigartiges Bildwerk in der Idealität der Gotik und im neuen Kosmos des Kölner Dombaus, dessen Grundstein Konrad von Hochstaden im Jahre 1248 gelegt hatte.[12]

Der Tod am vermauerten Tor

Der heutige Direktor des Museum Schnütgen, Moritz Woelk, wollte kürzlich eine Aufnahme mit seinen beiden Vorgängern, Hiltrud Westermann-Angerhausen und mir, erstellen. Als sinnreiche Kulisse wählte er das inzwischen mehrfach veränderte Skelett, das der »Sprayer von Zürich«, Harald Naegeli, 1980 am zugemauerten Westportal von St. Cäcilien angebracht hat. Ich habe Naegelis Tödlein im Stadtbild und besonders das an unserem Museum immer wertgeschätzt und mit dem Totentanz im Mittelalter in Verbindung gebracht, obgleich ich nicht recht wusste, was das Tödlein dort wollte, vielleicht den Zugang versperren? Der war aber ohnedies vermauert. Über Nacht war es plötzlich da, als wäre es dem einstigen Beinhaus beim Kloster entstiegen, zum Klang des *Saufangs,* der uralten Glocke, die einst im Barocktürmchen der Cäcilienkirche hing. Im Jahre 1988 installierte der Klangkünstler Max Neuhaus auf dem stillen Platz einen leisen Sound. Beide, Harald Naegeli und Max Neuhaus, scheint altes kölnisches Ambiente angezogen zu haben.

Harald Naegeli, Skelett am Westportal von St. Cäcilien

Im Schnütgen-Museum

Ein Konjunkturprogramm ermöglichte die Öffnung der zugemauerten Krypta unter der Empore, was den sakralen Raum noch leichter und freier, diaphaner und vielgestaltiger machte. Vor der Krypta erstrahlte jetzt im milden Licht der Leuchterkronen die Siegburger Madonna zwischen dem Tympanon aus St. Pantaleon und dem des Nordportals von St. Cäcilien. Aus Gründen der Denkmalpflege ins Innere versetzt, sah man jetzt auf der Rückseite die Inschrift des einstigen Tiburtiussteins, was auch einen Blick in die Werkstatt des Bildhauers erlaubte, der Steinmaterial aus der Römerzeit verwendet hatte. Solche Zusammenhänge zwischen Antike und Mittelalter zu veranschaulichen, gehörte schon immer zu meinen Bestrebungen.

Muttergottes in der Sonne

Die kleine Marienfigur *Muttergottes in der Sonne,* die 1983 in der Ausstellung *Parlerkunst vom Rhein* auf der Prager Burg war, bewegte das Herz von Joachim Kardinal Meisner, der damals noch Bischof von Berlin war. Seinem Wunsch nach einer Kopie derselben kamen wir gerne nach. Später, als er in Köln heimisch wurde, standen wir vor der Vitrine, in der sich das bezaubernde Bildnis befand, das auf seine Art erneut Prag und Köln miteinander verband. Auch erinnere ich mich, wie Kardinal Meisner an der böhmischen Powidlmarmelade seine Freude hatte, die mir der Pater von St. Thomas in Prag für ihn mitgegeben hatte, jener Kirche mit der verdorrten Hand.

Muttergottes in der Sonne, Köln,
um 1370–90, Museum Schnütgen

*Vor der Neueinrichtung des Schnütgen-
Museums im Jahre 1977*

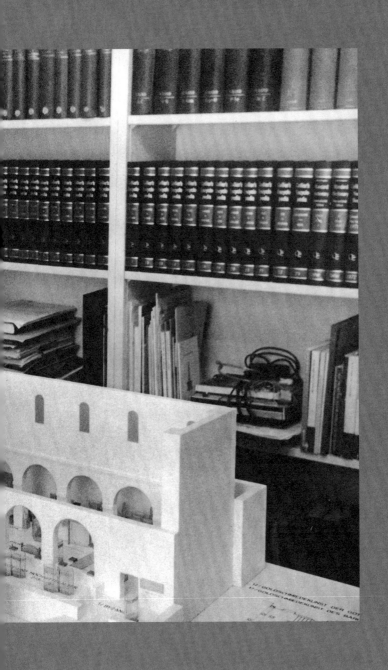

Salzburger Loretokindl

Mit dem Segen des Loretokindls an der Klosterpforte der
Kapuzinerinnen in der Paris-Lodron-Straße in Salzburg
fuhren wir nach München, wo ich im Zentralinstitut für
Kunstgeschichte einen Vortrag zum Thema »Kölnische
Hagiophilie« hielt, in einem Gebäude, das die dort Be-
schäftigten gerne mit dem Reim versahen: »Denn die
Geister von denselben spuken nachts in den Gewölben.«
Währenddessen ersteigerte meine Frau im Auktionshaus
Neumeister ganz unerwartet eine Elfenbeinstatuette eben
des Salzburger Loretokindls, das man gern als Nachbil-
dung den Pilgern angeboten hat. Doch auch das Schnütgen-Museum verwahrte ein Loretokindl, dem sich nach
der Rückkehr aus Salzburg und München unsere Aufmerksamkeit zuwandte. Es war aber arg verwahrlost. Der
Restaurator Werner Henneberger nahm sich der Statuette
an, wusch sie und trocknete ihr Kleidchen auf einer Mi-
niatur-Wäscheleine. Zwei Loretokindl fanden zusammen,
das eine unbekleidet, das andere im frisch gereinigten alten Gewand.

Beim Salzburger Loretokindl handelt es sich um jenes
Figürchen aus Elfenbein, das die Frau Oberin der Kapuzinerinnen von Ensisheim dem frommen Pater Johannes
Chrysostomus geschenkt hatte. Ausführlich wird die Wun-
dergeschichte erzählt, die sich einst ereignet hat: Der Pater musste sein Kindlein allein lassen, weil die Glocke zum
Chorgebet rief. Als er zurückkam, lag das Figürchen zerbrochen da. Eine alte Abschrift erzählt die ganze Geschichte, wie der Pater das Kindlein später wiederfand, »als ob's
nie zerbrochen war gewesen, allein ein Zeichen, subtil wie

ein Härlein, als man's sehen kann, wo es brochen gewesen war. Da war eine ganz große Freud«. Zum Schutz hatte der Pater sein Christkind in ein hölzernes Kästchen gestellt. Im Antiquitätenhandel, ausgerechnet am Mühldorfer Stadtplatz, sollten wir ein solches Loretokindl im Kästlein entdecken.

Ein Religiosum

Ein anderes Stück, das ich für das Schnütgen-Museum erwerben wollte, nannte Kurt Hackenberg ein »Religiosum«. Sieben Totenköpflein aneinandergekettet und mit feinstem Goldemailschmuck durchsetzt liegen in der Hand des Betenden. Jedes Köpfchen konnte er auch öffnen und beim Gebet Bildchen aus dem Leben Christi und der Heiligen Hieronymus und Antonius von Padua betrachten. Die Mikroschnitzereien sind aus Obstkernen gemacht und mit Federn der Kolibri ausgestattet, der kleinsten Vögel der Welt, die vom Nektar leben und die in der Sprache der Indianer »die Prächtigen« heißen. Versehen mit der Goldschmiedemarke von Mexiko, dem »Land der lebenden Toten«, ist die im späten 16. Jahrhundert entstandene Paternosterkette nicht nur ein »Religiosum« für die Kunst- und Wunderkammer. In »Museen in Köln« habe ich 1971 das kleine Werk vorgestellt, das Kultur und Frömmigkeit, Kunst und Natur, Europa und Mexiko, alte und neue Welt, Leben und Tod so eindrucksvoll verbindet.[13] Meine letzte Erwerbung im Schnütgen-Museum war aber das *Tor des Himmlischen Jerusalem* mit den zwölf Steinen der Apokalypse.

Bergkristall im Museum Schnütgen

An die Freundschaft mit Hans R. Hahnloser, die seit Freiburg bestand, musste ich denken, als ich – wie ein »Strahler« in der »Kluft« – aus dem unterirdischen Museumsdepot ein zerbrochenes Bergkristallkreuz in die romanische Basilika hinauftrug. Es sollte sich als das größte der erhaltenen Kristallkreuze dieser Gattung herausstellen. Kurz zuvor war zu den alten Beständen des Museums mithilfe von Peter Ludwig ein venezianisches Bergkristallkreuz hinzugekommen.

Auch die Brust der Muttergottes schmückt ein Bergkristall, während ihr segnendes Christuskind einen Amethyst bekommen hat. Besondere Beachtung fand immer schon das Kristallreliquiar, dessen Stirnseiten kostbaren Scheibenfibeln gleichen und dessen Kamm mit Firstknäufen ebenfalls aus Bergkristall gekrönt ist. An ihm fand 1988 auch die Post Gefallen und brachte dazu eine Sonderbriefmarke heraus. Das Interesse an der Kristallkunst ist nicht erloschen, was auch die Ausstellung *Magie Bergkristall* bewies, die das Museum Schnütgen von Herbst 2022 bis Frühjahr 2023 zeigte.

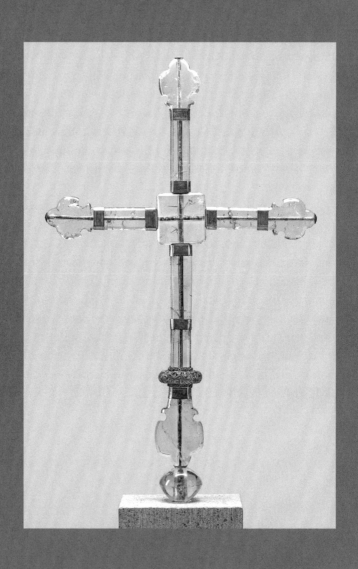

STRAHLENDES MITTELALTER

Rhein und Maas

»Strahlend« nannte ich das Mittelalter immer, im Gegensatz zu jenen, die es als »finster« bezeichneten, obgleich sie selbst aus einer der finstersten Zeiten der Geschichte stammten und trotzdem selbst bekundeten, sie »lebten doch nicht mehr im Mittelalter«. Eine andere Sicht auf die ferne Vergangenheit bot 1972 die Ausstellung *Rhein und Maas,* die 300 000 Menschen in Köln und danach in Brüssel sahen. Dazu beigetragen hat womöglich auch ein Ausstellungsplakat, das auf der Akropolis hing und eher zur Erheiterung gedacht war. Im zweiten Band der begleitenden Publikation, die Berichte und Ergebnisse enthält, sind Stimmen versammelt, die sich mit dem Phänomen dieser denkwürdigen Schau beschäftigen.[14]

Mich berührte besonders jenes Bild vom erblindeten Joseph Kardinal Frings am Lütticher Taufbecken. Auch die Versammlung der Reliquienschreine wird gewiss nicht nur mir unvergesslich bleiben. »Als die Männer die großen Reliquienschreine aus dem Depot der Kunsthalle heraufbrachten und auf das erhöhte Podest im Zentrum der Ausstellung hoben, wurde es im unruhigen Hin und Her der letzten Vorbereitungen still. Die Ankunft der Schreine war eine Zäsur, es wurde jedenfalls, ganz gleich, was jeder einzelne von uns gedacht haben mag, so empfunden«, schrieb damals Doris Schmidt in der *Süddeutschen Zeitung*. Zum hl. Servatius in seinem Schrein kamen die Maastricher und legten an seinem Festtag einen Blumenstrauß nieder. In Brüssel standen auch König Baudouin und Königin Fabiola am Heribertschrein, der dort mit den anderen Heiligtümern eingekehrt war. *Rhein und Maas* war sichtlich mehr als nur eine Zusammenkunft hoher Kunst und Würdenträger.

Und große Freude hatten die Kinder, die nach dem Vorbild der erwachsenen Künstler kleine Schreine anfertigen konnten, von denen einer bereitstand, als ich den 100 000 Ausstellungsbesucher begrüßte. »Sie haben ja so viele Schreine von den Kindern gemacht bekommen«, meinte Hackenberg, als ich jammerte, dass die Leihfrist für den Marienschrein aus Tournai abgelaufen sei und die Herren ihn nächste Woche abholen würden, »dann stellen sie doch einen von den Kindern an die leer werdende Stelle in Ihrer Schreinversammlung«. Aber ich fuhr stattdessen mit meinem Kollegen Anton von Euw nach Tournai, zündete in der dortigen Kathedrale Notre Dame eine Kerze an und bat inständig so lange, bis wir eine Verlängerung der Leihfrist erreichten.

Mein Ansehen stieg mit der Zunahme der Besucherzahlen, aber genauso schrumpfte es wieder, wenn auch nur vorübergehend, als zum Beispiel bei der *Parler*-Ausstellung die Zahlen im Winter 1978/79 zurückgingen. Oft denke ich an Hackenbergs Worte: »Ich komm' ins Zuchthaus, und Sie schick' ich zum Amtsarzt.« So sprach er zu mir, und bei den Verwaltungsbehörden bat er um Milde für einen Kunsthistoriker, der sich bei Finanzvorschriften nicht so recht auskannte.

Monumenta Annonis – Köln und Siegburg

Der Annoschrein aus Siegburg kam im Leichenwagen des städtischen Bestattungsamts, dessen Chef meiner seltsamen Bitte sofort entsprochen hatte. Dem Anlass angemessen fuhr der Wagen im Schritttempo auf dem Seitenstreifen der Autobahn, begleitet von Polizei, Fernsehen und Presse, während sich die überholenden Autofahrer natürlich wunderten. Bald nach *Rhein und Maas* und 900 Jahre nach seinem Tod reiste Erzbischof Anno im Jahre 1975 wieder nach Köln, diesmal in die Cäcilienkirche zur Ausstellung *Monumenta Annonis*. Als nach der Eröffnungsansprache das in Siegburg stationierte Wachbataillon des Bundespräsidenten die Stühle wegräumte, um Platz zu schaffen, löste das bei den eingeladenen polnischen Kollegen Sorgen aus: »So viele Soldaten überall bei Ihnen!«

Zum Ausklang der Ausstellung hielt Joseph Kardinal Höffner in St. Georg, einer der annonischen Klostergründungen, das Pontifikalamt. Auch die Benediktiner aus Siegburg, Annos »viel lieber statt«, nahmen daran teil. Als die Träger mit dem schweren Schrein die Altarstufen emporstiegen, platzte dem vordersten von ihnen vor lauter Spannung die Hose und seine weiße Unterwäsche kam zum Vorschein, sehr zur Erheiterung der ansonsten andächtigen Gesellschaft. Selbst der Kardinal konnte nicht ernst bleiben. Weil dieser Träger zuvor respektlos mit dem Heiligen im Schrein gesprochen hatte, sagte Rosa, die neben dem Schrein einherging, zu ihm, das würde sich Anno – wie man ihn aus seinen Geschichten kenne – nicht gefallen lassen.

Der Annoschrein aus Siegburg links, rechts
der Maurinusschrein aus St. Pantaleon

Im Gotischen Saal des
Salzburger Bürgerspitals

Im Jahre 1976 versammelten sich nochmals alte Bekannte, Kollegen und Skulpturen, diesmal im Saal des Bürgerspitals in Salzburg. Die Beteiligung an der Ausstellung *Spätgotik in Salzburg, Skulptur und Kunstgewerbe 1400–1530* war immer noch eine Spätfolge meiner Dissertation über die Salzburger und Passauer Bildnerei.[15] Auch der Monogrammist IP war wieder zugegen, unter anderem mit seinen Gliederpuppen, die Rosa kunstvoll arrangierte, bis ein eifriger Museumsmeister sie beim Verschließen der Vitrine unmittelbar vor der Eröffnung wieder durcheinanderwirbelte. Ein besseres Dissertationsthema hätte ich jedenfalls seinerzeit nicht finden können, denn oft ergaben sich jetzt wieder Verbindungen mit Prag. Und in Gestalt der Kölner »Parlerin« erwarteten uns viele neue Ereignisse.

Die Kölner »Parlerin« zu Besuch in Prag

Im Juni 1977 war die Konsolbüste mit dem Parlerwappen aus dem Schnütgen-Museum für einen Tag zu Gast im Lobkowitzpalais. Nach 600 Jahren besuchte die schöne »Parlerin« ihre Prager Verwandtschaft. Wir erhofften uns davon, dass Prag sich an einer geplanten Ausstellung über die Parler beteiligen würde – eine Familie von Steinmetzen und Baumeistern, die in Köln, Prag und anderen europäischen Städten tätig waren. Das war in jenen Zeiten kein einfaches Unterfangen. Als wir vor der Botschaft der

Die Kölner Konsolbüste mit dem Parlerwappen im Prager Lobkowitzpalais, Juni 1977

Bundesrepublik auf der Kleinseite eintrafen, musterten uns tschechoslowakische Soldaten und Polizisten argwöhnisch aus den Fenstern des gegenüberliegenden Hauses. Aber zu Ehren der schönen Dame gab der Botschafter einen Empfang für die geladenen Gäste, und das Prager Blechbläserquintett spielte dazu Musik aus Gotik und Renaissance. Doch war dem Fest nicht der erhoffte Erfolg beschieden. Schon beim Konzert flüsterte man mir zu, »eure Brüder in der DDR« hätten davon abgeraten, sich an der geplanten *Parler*-Ausstellung in Köln zu beteiligen.

Parler-Molesten

Doch waren dies nicht die einzigen Schwierigkeiten im Vorfeld unserer Ausstellung *Die Parler und der Schöne Stil*. In Wien erbat ich die Figuren Rudolf des Stifters und seiner Gemahlin vom Grabmal im Stephansdom, und die Dombauverwaltung gab gerne ihre Einwilligung. Doch freuten wir uns zu früh. Denn das Denkmalamt erhob Einspruch und verweigerte die Ausreise des Herzogpaares. Die Statuen seien auf ihrem Grabstein ganz fest verankert, und schon deshalb müsse man das Kölner Ansinnen kategorisch zurückweisen. Aber wir wussten, dass die beiden Statuen nur lose auf ihrem Grabstein lagen, und ich setzte über diesen Sachverhalt das Auswärtige Amt in Kenntnis. Es entstand ein Disput zwischen Wiener Ämtern und der deutschen Botschaft in Wien, und viele kamen vorbei und rüttelten – natürlich mit Erlaubnis – am erlauchten Paar. Der Domkustos wunderte sich über den seltsamen Umtrieb, denn er wusste seit jeher, dass die Statuen nur lose auf dem Grab aufgelegt waren. Später erging ein neuer Spruch des Denkmalamtes, und die kostbare Fracht traf in der Kölner Kunsthalle ein.

Auch während der Ausstellung hörten die Molesten nicht auf, sie steigerten sich im Gegenteil immer mehr. »Aus diesem Streit um die Schreibweise der Ortsnamen kommen Sie nie wieder heraus«, sagte mir der deutsche Botschafter, als ich ihm berichtete, wie es mir mit der Beschriftung der Schildchen erging. Die *Sternberger Schöne Madonna* war zum Beispiel nur auf Tschechisch zu entziffern, bei der Breslauer *Schönen Madonna* stand bloß der polnische Name. Das waren die Bedingungen der Leihgeber, die wiederum die deutschen Landsmannschaften erbosten. Sogar Drohungen gingen ein: »Wir packen dich und schlagen zu, du verräterischer Gesell«, hieß es in einem Schreiben im Briefkasten zu Hause. »Instinktlos befördert«, schrieb die *Frankfurter Allgemeine*, weil in den Dankesworten im Katalog Ewald Moldt Botschafter genannt wurde, anstatt Leiter der Ständigen Vertretung der DDR in der Bundesrepublik Deutschland. Der Titel Botschafter freute hingegen die Ständige Vertretung in Bonn, die mir zu Weihnachten Dresdner Stollen schicken ließ. Und wieder verteidigte mich Hackenberg, weil einem Kunsthistoriker, der sich mit der Kunst des vergangenen Mittelalters beschäftige, eine zeitgemäße Sicht auf heutige Situationen leicht fehlen könne. Zu den *Parler*-Molesten zählten auch die Wintermonate 1978/79, als wegen schlechten Wetters nur wenige Besucher in die Kunsthalle gelangten und sich wegen der Finanzen vorwurfsvolle Blicke auf mich richteten. Der nach Schnee und Eis erfolgte Ansturm war fast noch schlimmer als das leere Haus zuvor.

*Ansturm auf die Parler-Ausstellung
in der Kölner Kunsthalle*

Der 200 000. Besucher erhielt von mir unter der Parlerbüste eine aus Marzipan. Am Ende hieß es in einer Zeitung: »Parler schafften den Museums-Chef. Kreislaufkollaps.«

»Passende Europäer gesucht«

Doch in den Zeitungen las ich auch viel Zustimmung. So schrieb zum Beispiel Otto Schulmeister unter dem Titel »Passende Europäer gesucht« in der *Frankfurter Allgemeinen,* die mir die »instinktlose Beförderung« zum Vorwurf gemacht hatte: »Hier in Köln regieren die Parler, regieren die schönen Künste und der ›schöne Stil‹, und das machte es leichter – noch dazu, da der deutsche Bundespräsident Scheel sich so angelegentlich beim tschechoslowakischen Präsidenten Husák dafür verwendet hatte – zwanzig Länder aus Ost und West mit ihren Leihgaben zusammenzubringen, unter dem Namen einer Künstlerdynastie der abendländischen Weite zu versammeln, die unter dem Vorzeichen des Luxemburgers sich nur getrennt, in Prag noch dazu mit allzu viel tagespolitischer Facette in Erinnerung bringen konnte. Die Parler haben es möglich gemacht, auch wenn eine Hinweistafel im Oberstock der Kunsthalle darauf hinweist, dass alle Namen von Orten, von denen die Ausstellungsobjekte stammen, einheitlich in der amtlichen und postalischen Bezeichnung des leihgebenden Staates verwendet werden. Der beschädigte Europäer von 1979 kann sich ausmalen, was alles an Empfindlichkeiten und Gegensätzen hinter dem Hinweis steckt.«

Breslauer Schöne Madonna, um 1400,
Kunstgewerbemuseum Breslau

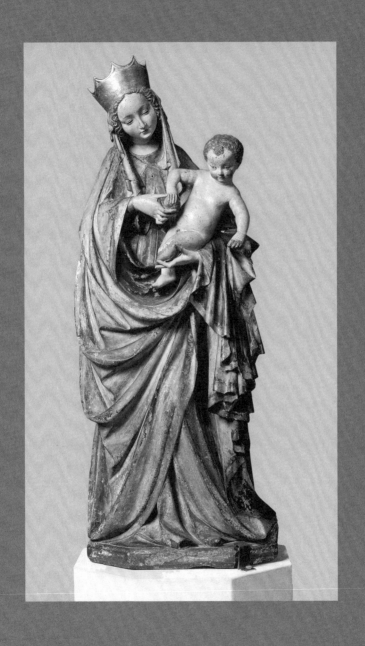

Schöne Madonnen

Viele der schönsten Madonnen waren versammelt. Die Breslauer *Schöne Madonna*, für mich das Kunstwerk der höchsten Vollendung, die Danziger, die Stralsunder, die Altenmarkter. Und wenn ich nach den Ausstellungsunruhen des Tages in der still gewordenen Kunsthalle mit den Schönen Madonnen allein war, dann fiel mir wieder der Vers meines Schulfreundes aus Mühldorf ein: »Schon mancher Schmerz ist ihm zerronnen / beim Anblick gotischer Madonnen …«. In ihrer Gesellschaft fühlte ich mich wie befreit von aller Last, die mich während der Parler-Ausstellung von Anfang bis Ende bedrückte.

Parlerkunst vom Rhein auf der Prager Burg

Wieder reiste die Kölner »Parlerin« nach Prag, diesmal mit einem großen Gefolge, zur Ausstellung *Parlerkunst vom Rhein* in der Prager Nationalgalerie. Was mit der Reise der »Parlerin« seinen Anfang genommen hatte, fand seine Fortsetzung in diesem neuerlichen Besuch, zu dem sie die ganze rheinische Gesellschaft auf die Prager Burg mitnahm. Zu der Ausstellung schickten Kölner Kinder eine Reihe von Zeichnungen, die sie von den böhmischen Werken in der Kölner *Parler*-Ausstellung angefertigt hatten. Nun zeichneten Prager Kinder die in der Burg ausgestellten rheinischen Schätze ab und schrieben dazu: »Prager Kinder aus der Grundschule in der Vlastinastraße grüßen die Kinder in Köln am Rhein.« Am Abend des 1. September 1983 saßen die beiden Museumsdirektoren

Auf der Prager Burg

aus Prag und Köln, Jiří Kotalik und Anton Legner, im Amtsstübchen der Waldstein-Reitschule zusammen, während ein spätsommerliches Gewitter herniederging und der Hradschin vor dem Fenster hell erleuchtet war, und sie beschlossen, zum Zeichen der in der Geschichte angelegten Verbundenheit Kunst der Gotik aus Böhmen nach Köln zu entsenden.

Kunst der Gotik aus Böhmen

Zwei Jahre später verwandelten die böhmischen Patrone einen Sommer lang das Kolorit der Empore von St. Cäcilien.[16] Am Ort von Stephan Lochners *Veilchenmadonna* standen jetzt die zugereisten Heiligen, Gestalten wie aus einer Legende, die als kleine Figuren auf dem goldenen Rahmen das Veraikon aus dem Prager Domschatz umgeben. Sankt Veit, der Jüngling im Hermelin, der hl. Wenzel in silberner Rüstung, rotem Mantel und Herzogshut, Sankt Adalbert im Pluviale aus Goldbrokat, der hl. Sigismund mit goldenen Insignien, der weißbärtige hl. Prokop in schwarzer Kutte, die hl. Ludmilla in wunderbarem Kleid. Den böhmischen Heiligen hatte schon im Jahre 1256 der Kölner Erzbischof Konrad von Hochstaden seine Aufwartung gemacht und seine Verehrung bekundet. Mitgebracht hatte er ins Kloster Strahow auch den Körper einer der 11 000 Kölner Jungfrauen. Die Translationen heiliger Leiber aus den Kölner Grabstätten genossen damals hohes Ansehen.

Ein Stück böhmischer Kultur brachte diese Ausstellung nach Köln, auch ein Stück Kunstgeschichte kam angereist.

So begegnete man wieder Werken des Monogrammisten IP, mit dem ich mich seit den Tagen meiner Dissertation immer wieder beschäftigt hatte. Und ich denke noch heute an die Frankfurter Abschiedsworte meines Kollegen Michael Liebmann: »Wir sind ja Brüder in IP.« Die Kunst des Meisters hatte uns zusammengeführt.

Auch der kniende Ritter vom Zlichover Altar kam mit seinem Schutzpatron und der Muttergottes nach Köln. Seine Hand liegt bereits in der Hand des Todes, der die Sanduhr hochhält, indes der Erbärmdemann sie wieder löst und den Ritter vom Tod zum Leben bringt.

Der *Elendchristus* im Braunschweiger Dom

Im Jahre 1985 war ich zur Mitarbeit an der Landesausstellung Niedersachsens eingeladen, die in Braunschweig unter dem Titel *Stadt im Wandel* stattfand. Meine Betrachtungen über das Andachtsbild im späten Mittelalter vor dem *Elendchristus* im Braunschweiger Dom[17] haben auch Rosa berührt, sonst hätte sie den Sonderdruck nicht mit dem Vermerk versehen: »R. an R.« (Rosa an Rosa). Später fand sich der Braunschweiger *Elendchristus* auch im Schnütgen-Museum ein, das eine Präfiguration in der Gestalt des armen Job besitzt. Ich erinnere mich noch, wie das kleinplastische Andachtsbild im Sommer 1980 einsam und verlassen im Entree des Hauses saß, während die Menschen zum goldenen Pharao ins Kölnische Stadtmuseum strömten, wo die Wanderausstellung *Tutanchamun* gastierte.

Ornamenta Ecclesiae

Dann kam 1985 das Jahr der Romanischen Kirchen in Köln und in diesem Rahmen die Ausstellung *Ornamenta Ecclesiae* in Hackenbergs Kunsthalle. Bei der feierlichen Eröffnung sprach ein Regierungsvertreter aus Bonn immer vom »Jahr der romantischen Kirchen«, und Oberbürgermeister Theo Burauen rief ihm aus der ersten Reihe zu: »Romanik, Romanik, nicht Romantik!« Aber vielleicht ließen sich beide Bezeichnungen verstehen. Meinen schönen, wenn auch mitunter beanstandeten lateinischen Ausstellungstitel hatte ich dem Schatzverzeichnis von Sankt Georg im Kodex von St. Maria Lyskirchen entnommen, das mit den Worten beginnt: »Hec sunt ornamenta ecclesiae«.

Beat Brenk hat in der *Kunstchronik* festgestellt, »dass bisher noch keine Ausstellung so viele kölnische Kunstwerke des 11. und 12. Jh. vereinigt hat, dass z. B. die so charakteristischen Tragaltäre des 12. Jh. aus Köln noch nie so vollständig zum Vergleich dargeboten wurden, dass noch nie so zahlreiche kölnische Elfenbeintafeln des 12. Jh. in einer einzigen Vitrine zu sehen waren, dass die kölnische Buchmalerei des 11. Jh., aber vor allem die des 12. Jh. noch nie mit so vielen bedeutenden Handschriften zur Schau gestellt wurde, dass noch an keiner Mittelalterausstellung so zahlreiche Stifter-, Schreiber- und Autorenbilder zu sehen waren, dass zum Herstellungsprozess mittelalterlicher Kunstwerke noch nie so viel anschauliches und unbekanntes Material vereinigt worden ist. Weitere Superlative und Rekorde aufzuzählen wäre ein Leichtes.«[18]

Mit diesem Lobgesang eines Kollegen endet der Ausstellungsreigen des Schnütgen-Museums aus den Siebziger- und Achtzigerjahren in unserer inzwischen abgebrochenen Kunsthalle. Ein Projekt war dem anderen gefolgt, und meine Frau stöhnte bei jedem neuen Vorhaben: »Was soll ich denn machen, vielleicht ein Fliegenpilzsüpplein kochen?« Die Freunde lachten und rieten: »Das nützt bei dem nichts, das müsste schon ein Knollenblätterpilz sein!«

Gescheiterte Vorhaben

Aber manche Vorhaben ließen sich auch nicht verwirklichen. So suchte ich für eine geplante Ausstellung in London, die *German Art* heißen sollte, im Kloster der Dominikanerinnen in Altenhohenau um das Kolumba-Jesulein nach. Doch die Äbtissin tat sich schwer, dem Begehr stattzugeben, bis sie erleichtert aufatmen konnte, als meine Frau, die neben mir saß, sie in ihrer Haltung bestärkte: »Recht haben Sie, Frau Äbtissin, ich würde das Kindl auch nicht ausleihen!« Auf einer anschließenden Reise durch Spanien äußerte Rosa in jeder Kirche denselben Wunsch, dass nämlich das Londoner Projekt bitte nicht zustande kommen möge. Zu Hause angekommen lag ein Schreiben des Auswärtigen Amtes im Briefkasten, der schöne Plan könne wegen zu hoher Kosten nicht realisiert werden.

Auch eine andere Planung ist gescheitert, obschon die Liste zugesagter Leihgaben aus Ost und West außerordentlich war. *Die Piasten und das Heilige Römische Reich* sollte im Jahre 1989 in Köln und anschließend in Gnesen stattfinden. Auf die deutsch-polnische Gemeinschaftspro-

Das Kolumba-Jesulein aus dem
Kloster Altenhohenau, um 1430

duktion freuten sich beide Seiten, die wissenschaftliche Arbeit war weit vorgeschritten, dank der Kollegen in Posen und Warschau, Breslau und Krakau. Eine Rückschau war geplant, auf Ottonen und Piasten, auf Richeza und Mieczko, auf Mönche und Klöster, auf die polnischen Verbindungen zu Köln und Lüttich, zu Rhein und Maas. Sogar die großen Bildtüren des Gnesener Doms wären mit wirksamer Unterstützung und kompakter Hilfe von Kardinal Höffner nach Köln gekommen. Beim Kunsthistorikertag 1988 gab ich zu Beginn der Plenarsitzung, die sich ebenfalls mit dieser Thematik befasste, das bedauerliche Ende des Projektes bekannt, weil die politische Führung in Polen es letztlich verhinderte.

KÖLNISCHE HAGIOPHILIE

Nach der Ausstattung im Chor der Jesuitenkirche[19] galt meine Aufmerksamkeit besonders den großen Wandreliquienschränken im Dom. Damals hingen sie noch unten im Turm der Kathedrale, heute befinden sie sich einschließlich ihrer Inhalte in der Heiltumskammer.

Auch viele andere Kölner Kirchen übernahmen die Reliquienpräsenz als Wanddekoration, so St. Gereon, St. Kunibert und St. Ursula, in der Barockzeit ließen die Jesuiten in St. Mariä Himmelfahrt die alte Tradition im großen Stil wieder aufleben. Vieles verschwand im Feuersturm des Jahres 1942. Pfarrer Karl Prinz, Jahrgang 1921, erinnerte sich, wie in St. Gereon die verblichenen Schädel aus ihren Wandschränken im Hochchor herausflogen. Es waren keine Bilder aus der Apokalypse, sondern solche aus der Frühzeit seines Lebens.

Doch zurück zu den Domreliquienschränken: Alexander Schnütgen (1843–1918) hatte ihre heiligen Häupter teilweise mit neuen Hüllen versehen, was mir für die Abhandlung im Kölner Domblatt 1986 den Titel eingab: *Kölnische Hagiophilie.*[20] Rolf Lauer, der damalige Schriftleiter, brachte – natürlich nicht ernst gemeint – eine solche Schädelhülle im Stil jener von Schnütgen als Gastgeschenk mit, freilich nicht aus den Domreliquienschränken. Der Zettel bezeichnet den vorgesehenen Inhalt: »Reliqu: S. Antonii«.

PIGNORA SANCTORUM – SPURENSUCHE AUF REISEN

Die Gutenzeller Katakombenheiligen

Als stumme Patrone des stillen Ortes schweigen die Gutenzeller Heiligen darüber, dass der französische Autor Dominique Fernandez sie in seinem 1984 erschienenen Buch *Das Bankett der Engel* völlig verkannt hat. Denn unglücklicherweise führte ihn der Weg auf seiner »literarischen Reise von Rom nach Prag« auch in die ehemalige Klosterkirche von Gutenzell, die Cella Dei. Hier fühlte sich Fernandez an einen der orientalischen Höfe versetzt, wo Pomp und Grausamkeit regierten. Ihm fiel auf, »dass sich für diese Totenparade die beiden Männer legten, während die beiden Frauen aufrecht bleiben wollten: Erinnerung an ein Urmatriarchat, wo die Herrschaft umso grausamer ausgeübt wurde, je zerbrechlicher die Hände waren, die sie führten«. Als barbarische makabre Königinnen erschienen die Heiligen dem Besucher, der sich nicht vorstellen konnte, dass von »friedlichen Bauern der Gegend, wo sich der Kuhglockenklang mit dem Angelus mischt, einer Lust hätte, diesen starren Gespenstern, diesen Geistern zu huldigen, die mit aller Kraft das Deutschland der Bauernhäuser und Tannen, das Deutschland von Milch und Honig von sich weisen«.

War dem »guten Kenner europäischer Geschichte, Kultur und Literatur« die Historie zweier Jahrhunderte verborgen geblieben, als man aus den römischen Katakomben Körper, die man für frühchristliche Märtyrer hielt, in die Kirchen und Klöster brachte? Freilich hätte sich dem Verfasser selbst bei einem Besuch der Friedhofskapelle zum Heiligen Kreuz der wirkliche Sinn der Präsenz der Heiligen Leiber unten in der Kirche nicht erschlossen. In der Friedhofskapelle wird ein Leichenzug dargestellt, über dem ein Engel mit der Kerze die Schnur durchbrennt, an der die Uhr hängt, die mitteilt, dass die Zeit abgelaufen sei. Ein Spruchband zitiert aus Psalm 132: »Diss ist mein Ruhstatt in Ewigkeit, hier will ich wohnen, denn ich habe sie auserwählt.« Der neue Verstorbene ist umgeben von den Bildern der Gutenzeller Leiber der Heiligen, mit denen er sich zeitlebens verbunden fühlte.

In den Kirchen der Alpen- und Donaugebiete finden sich solche Katakombenheilige heute noch wie einst in der Barockzeit als ständige Bewohner der Klosterkirchen, ohne die selbst die schönsten Gotteshäuser unbewohnt erscheinen könnten. In Gutenzell kam die Katakombenheilige Justina als Erste 1698, Alexander und Hyacinthus folgten 1729, 1730 brachte man die Häupter von Severin und Viktorin, und 1765 gesellte sich die hl. Cristina zu den Gutenzeller Patronen.

Besonders wenn die Strahlen der untergehenden Sonne Haupt und Brust Justinas trafen und das mit frommem Sinn reich verzierte Skelett in eine gleichsam lebende Totengestalt verwandelten, fühlten Rosa und ich, die wir so oft in der Gutenzeller Kirche saßen, uns nicht an einen orientalischen Hof versetzt, sondern eher in das Theatrum sacrum des Barocks, das eigene Formen und Bühnen für die Begegnung mit Heiligen geschaffen hat.

Die Katakombenheilige Justina in der ehemaligen Klosterkirche von Gutenzell

San Pellegrino in Alpe

»Weißt du von jenen Heiligen, mein Herr?«, heißt es in Rilkes *Stundenbuch,* das »vom mönchischen Leben, von der Pilgerschaft, von der Armut und vom Tod« handelt. Es kann ein Wegbegleiter auch in die Bergwelt der Garfagnana sein, wo zwei Heilige in einem Glasschrein liegen. In Castelnuovo, das von den Apuaner Alpen und dem Apennin umschlossen ist, wollten wir Näheres erkunden und fragten den Padre im Dom, wo sich denn die gesuchten Heiligen befänden. Ach, wir meinten gewiss die »due santi eremiti Pellegrino e Bianco«, aber die ruhten hoch oben in den Bergen beim alten Hospiz am Passo delle Radici. Morgens um 6.10 fahre ein Bus in die Nähe von Chiozza, von da ab müsse man zu Fuß nach San Pellegrino in Alpe gehen. Also begaben wir uns zunächst in das schöne Wirtshaus »Da Carlino«, speisten vorzüglich zubereitete Kutteln und nächtigten mit der Absicht, am nächsten Morgen zu den beiden Heiligen aufzubrechen. Doch schon in der Nacht kam Sturm auf, der sich auf unserem Weg zum Orkan auswuchs. Zwischen Steinschlag und Abgrund kämpften wir gegen ihn an.

Wie groß mussten erst die Mühsale und Opfer der einstmals hier dahinziehenden Pilger gewesen sein, der frommen Menschen, die aus Rom über die Alpen Katakombenheilige schleppten, beispielsweise jenes Bürgers aus Ammergau, der unterwegs mit der heiligen Last auf dem Rücken verstarb. Erschöpft erreichten wir schließlich das alte Hospiz, aber die Kirche daneben war verschlossen. Als sich uns dann doch eine Tür auftat, erblickten wir im schlichten, kalten Raum den großen Schrein, durch dessen verglaste Arkaden man Pellegrino und Bianco nebeneinander liegen sah, im glänzenden Schrein die beiden Eremiten, der eine mit dunklem Haupt und dunkel gewandet, der andere hell im weißen Gewand. In feierlicher Unergründlichkeit ruhen sie hier mit der Majestät, die der Tod besitzt. Die eigentümliche Aura überträgt sich auf die eigene Stimmung. Rilkes *Stundenbuch* kommt einem wieder in den Sinn: »Sind sie dir noch zu deinen Plänen gut? Erhältst du unvergängliche Gefäße, die du, der allen Maßen Ungemäße, einmal erfüllen willst mit deinem Blut?«

Nicht dem Tod blickt der Pilger ins Angesicht, er schaut vielmehr auf die guten und hilfsbereiten Heiligen, die hier auf Erden und gleichermaßen in der Himmelsstadt zugegen sind, sozusagen in Bilokation ihres irdischen und ihres himmlischen Leibes. Wie hier im toskanischen Apennin ruhen allenthalben an den Straßen der Christenheit die irdischen Leiber von Heiligen, legendären und historisch verbürgten, an ihren Stätten entstehen Kult und Wallfahrt, ereignen sich Wunder und Wunderheilungen. Die Hospizkirche ist natürlich ein geeigneter Ort zum Nachdenken über den Sinn der irdischen Pilgerschaft des *homo viaticus*.

Auf dem Rückweg folgten wieder bange Stunden im Kampf gegen Kälte und Orkan. Noch nie mundete ein Pecorino so gut wie nach all den überstandenen Strapazen der beiden Fußgänger. Am nächsten Morgen hatte sich der Sturm gelegt, und San Pellegrino blickte vom schneebedeckten Apennin herab.

Gumiel de Izán

Kölner Reliquientranslationen gehören zum historischen Bild der Zeiten,[21] auch der *rex piissimus,* wie man ihn nannte, der heilige König Ludwig, der in Paris die Sainte-Chapelle für die Dornenkrone errichtete und der Albertus Magnus eine Reliquie vom Kreuz Christi schenkte, nahm oft an solchen Translationen teil. So trug er den Leib einer Heiligen, den ihm Konrad von Hochstaden mit der Mitteilung sandte, »dass der im gegenwärtigen Schrein eingeschlossene Körper« der der hl. Berga sei. Im Kloster zu Deutz war dieser bei einer Feuersbrunst auf wunderbare Weise unversehrt geblieben.

Solchen Translationen auf »den Straßen des Glaubens« (Marie-Madeleine Gauthier) sind wir in den letzten Jahrzehnten nachgegangen. Ich war dabei nicht nur »als frommer Mann« unterwegs, wie ein Rezensent meinte, sondern auch aus wissenschaftlichem Interesse. »Ein Tropfen Wissenschaft macht gläubig, ein Becher Wissenschaft macht fromm«, so sagte Goethe, und vor ihm schrieb der englische Lordkanzler Francis Bacon: »Ein Tropfen Wissenschaft bringt Unglauben, ein ganzer Becher aber macht fromm.« Ich weiß nicht, wie viel Tropfen oder Becher Kölner Geschichtenerzähler, Kabarettisten und Comic-Zeichner jeweils eingenommen haben, wir jedenfalls suchten nach den Spuren, die die historischen Translationen von Gebeinen der 11 000 *virgines coloniensis* in der Kultur und in der Kunst allenthalben hinterließen. So kamen wir an viele Stätten im alten Europa, in den Escorial, in das Monasterio de las Descalzas Reales in Madrid, in das einstige Kloster Madre de Deus in Lissabon und auch an einen Ort in Kastilien, der Gumiel de Izán heißt.

Die Überraschung war groß, als wir die dortige Pfarrkirche betraten und in ihr all die Heiligtümer aus Köln vorfanden, die 1223 Don Pedro auf dem weiten Weg vom Rhein zum Duero brachte, ausgestattet mit Erzbischof Engelberts ausführlicher Beglaubigung, die sich in der Dombibliothek von El Burgo de Osma erhalten hat. Hochgemut machten wir uns ans schon genehmigte Fotografieren der von dortigen Meistern für die Kölner Reliquien geschaffenen Reliquienbüsten, bis einer herbeitobte, als wäre er wie einst ich in meiner Großmutter Fantasie vom Teufel besessen, und das Fotografieren nahm ein jähes Ende. Ähnlich empört war nur der Pfarrer in Raitenhaslach an der Salzach gewesen, weil ich nicht nur den Heiligen Leib auf dem Altar aufgenommen hatte, was er vorher gestattet hatte, sondern auch den zugehörigen Opferstock mit dem Bild des Heiligen Leibes.

Ritter Florian von Waldauf und die »Aindlifftawsend Mayde«

Als wir zum ersten Mal die Waldaufkapelle in St. Nikolaus zu Hall in Tirol aufsuchten,[22] fühlten wir uns sogleich an die Goldene Kammer der Ursulakirche in Köln erinnert, nicht nur wegen der vielen Cranea in den Glasschränken an der Nordwand. Die Zusammenhänge zwischen Köln und Hall reichen noch viel tiefer. Der Boden der Heiligen Kapelle war buchstäblich »mit staub und aschen von den gepainen aus der gesellschaft der Aindlifftawsent Mayde«

aus »der heiligen stat Cöln uber und uber bestreut, bedeckt, geeret und gewirdigt«. Dies schrieb Ritter Florian von Waldauf, der die Haller Stiftung gelobte, als er im Jahre 1489 mit Kaiser Maximilian in der Zuidersee in schwere Not geriet, und der später in Köln überaus reich mit Heiltümern beschenkt wurde. Im Archiv von St. Nikolaus zu Hall ist das Heiltumbuch aufbewahrt, mit vielen eingeklebten Holzschnitten von Hans Burgkmair und mit des Ritters eigenem Text – kostbare Hinterlassenschaften des Vertrauens auf die Wirkungskraft der Gebeine von Heiligen vor der großen Mentalitätswende, die damals unmittelbar bevorstand.

DER ARTIFEX
KÜNSTLERBILDNISSE AUS
DEM MITTELALTER

Die zweite Thematik, in deren Zeichen unsere Reisen standen, verband sich mitunter auch mit der ersten, wie im
Falle des Grabmals der Märtyrer in San Vicente zu Ávila,
auf dem der Bildhauer bei seiner Arbeit am Sepulcrum
selbst zugegen ist.

Die oft zu hörende Behauptung, mit der Selbstdarstellung habe nach dem »finsteren Mittelalter« die Renaissance begonnen, erwies sich als nicht haltbar. Selbstdarstellungen von Baumeistern, Malern und Bildhauern
begegneten uns überall, ob im Kreuzgang der Kathedrale in Gerona oder an den Bronzetüren von St. Zeno in
Verona oder in der Kathedrale von Plasencia, wo Maestre
Rodrigo seine Arbeit an der Misericordie des Bischofs-
sitzes verrichtet.

Solche Begegnungen mit Künstlern des Mittelalters
erfreuten uns immer sehr, wenngleich die Beschäftigung
mit ihnen manchmal mühselig war. So befindet sich im
Petersdom in Rom das Freudenfest des Bildhauers Filarete
über sein glücklich vollendetes Werk an der Innenseite
einer Bronzetür ganz unten, direkt über dem Estrich.

»Ceteris opere pretium fastus ve mihi hilaritas« (An-
dern lohnt Stolz und Beweihräucherung der Arbeit, mir
Fröhlichkeit) lautet die Inschrift über der Darstellung, die

Filarete inmitten einer heiter tanzenden Künstlergesell-
schaft zeigt, zwischen dem Mann auf dem Dromedar,
der die Hirtenpfeife spielt, und dem Mann auf dem Esel,
der den Wein herbeibringt.

Derlei Selbstdarstellungen des Artifex im Mittelalter
habe ich im gleichnamigen Buch zusammengetragen,
das »mein« Greven Verlag 2009 in opulenter Aufma-
chung herausgebracht hat[23] – ein Buch, fast so groß wie
der *Codex Gigas.*

Filarete, Lustbarkeit nach Vollendung des Werkes, 1445, an der Innenseite der Bronze-tür der Peterskirche in Rom

»TAGE DER ROSEN, TAGE DES GLÜCKS«

So heißt der Titel des Buches, das ich im Regal von Rosa
fand, versehen mit dem Vermerk »R. an R. 18. 1. 89«. Am
Buchende hat sie noch einen Satz aus dem *Kleinen Prinzen* eingetragen: »Die Zeit, die du für deine Rose verloren
hast, sie macht deine Rose so wichtig.« Solche Zeiten hatten wir in Fülle erlebt, im eigenen Heim, an unseren gemeinsamen Lebensstationen, auf den Erkundungsreisen
für die wissenschaftliche Arbeit und bei den »Betteltouren«, wie der Bamberger Bibliothekar sagte, als er uns
noch viel Glück bei unseren Leihgabenersuchen wünschte. Auch viele Stätten der Einkehr und Besinnung waren
darunter, bei der *Dienstbotenmadonna* im Stephansdom,
in Sant'Eustorgio in Mailand mit der einstigen Grabstätte
der Heiligen Drei Könige, bei der Señora del Pilar in Zaragoza, beim Santo Cristo in Burgos, in Santiago de Compostela oder in Meryem Ana Evi in Ephesos. Der geistlichen Einkehr folgte meistens die weltliche, in Wien
natürlich in Grinzing, auf dessen Friedhof wir auch das
Grab von Thomas Bernhard aufsuchten, bevor wir nach
Heiligenstadt weiterwanderten. Eine Wiener Stätte hat
uns immer besonders angezogen, die Strudlhofstiege, der
Heimito von Doderer das Gedicht widmete, an dessen
Ende steht:

*Rosa im Kreuzgang der Kathedrale
von Monreale*

… die bemooste Vase in der Mitte
überdauert Jahre zwischen Kriegen.
Viel ist hingesunken uns zur Trauer
und das Schöne zeigt die kleinste Dauer.

Fast jedes Jahr weilten wir im Hause Pichlmeier in Buch
am Ammersee. Dort schrieb ich auch das 1995 erschiene-
ne Buch *Reliquien in Kunst und Kult zwischen Antike
und Aufklärung,* das ich dem Arztehepaar Marie-Luise
und Heinz Pichlmaier gewidmet habe, das man in München »Pichlnauer« nannte, weil Marie-Luise eine geborene Adenauer ist. Heinz (1930–2019) war nicht nur ein
großer Chirurg an der Kölner Universität, sondern zudem ein begnadeter Bildhauer, der seinen Park prächtig
ausstattete. Auch in Brixen in Südtirol erlebten wir glück-
liche Tage. Ich sehe immer noch Rosa vor mir, voller Hei-
terkeit auf dem Weg von der Plose nach Trunt, unserem
Quartier im Haus der Noflatschers. Später verbrachten
wir kostbare Tage in St. Peter über Meran, Schloss Tirol
stets vor Augen und im Ohr.

Auf dem Trunthof trafen wir auch einen Künstler aus
der Steiermark, Franz Weiss (1921–2014), der für uns
ein Hinterglasbild malte mit lauter Fuchsien, die am
Kreuz beim Hofeingang hingen. Auch in Köln begegneten wir ihm, einmal auf dem Hof der Kunsthalle, wo er
am Brunnen saß und meinen Ausführungen lauschte.
Und in der Karwoche 2023 begegnete ich seinen Grazer
Kreuzwegfresken, die Theresia Tarman im Haus am Pan-
taleonsberg vorstellte. Meine Nachbarin Barbara Schellenberger hatte mich dazu eingeladen, ohne Wissen um
die enge Verbindung, die zwischen dem Maler, seiner

Franz Weiss, Fuchsien, Hinterglasbild

Kunst, zwischen ihm, Rosa und mir jahrzehntelang bestand.

In späteren Jahren, als längere Reisen seltener wurden, war Unkel mit der Bank im Kirchhof und der Aussicht auf den Rhein und das Siebengebirge ein Lieblingsplatz, dem sich – wie bei uns häufig – ein Aufenthalt im Weinhaus anschloss; in Unkel war es das »Lämmlein« in der Pützgasse mit seinem schönen von Weinstöcken belebten Hof, deren Trauben über einem hingen. Auch im nahen Heisterbach gingen wir gern spazieren und betrachteten die Grabkreuze nahe der Klosterruine. Ein solches rheinisches Kreuz steht auch am Familiengrab in Mühldorf. Wir bekamen es geschenkt und brachten es nach Altbayern, als wir noch nicht wussten, dass unser Grab auf Melaten sein würde.

Freilich waren wir oft auch in Altenberg, über dessen einstige Abtei wir Hella von Sinnen zur Bereicherung ihres kulturhistorischen Wissens eine Geschichte hätten erzählen können, die Caesarius aus dem nahen Heisterbach überliefert hat: »Als einmal viele Gebeine von Gefährtinnen der hl. Ursula nach Altenberg gebracht worden waren, machten die Mönche sich sofort daran, die heiligen Leiber zu waschen, breiteten dann reine Tücher auf die Sitze im Kapitelsaal und legten die Gebeine darauf, um sie zu trocknen. Plötzlich bemerkten die Anwesenden einen abscheulichen Geruch, welcher von den Gebeinen herzukommen schien. Abt Goswin fürchtete sofort, es liege ein Blendwerk des Teufels zugrunde, der beabsichtigte, auf solche Weise die Ehrfurcht der Brüder vor jenen Reliquien der Märtyrer zu vernichten; er nahm alsbald einige Priester mit, zog die heiligen Gewänder an

Weingut
A. Braun
Unkel/Rhein

15.9.95
Eine Grüße
an Unkel
Rosa + Toni Ath

WEINHAUS
»Im Lämmlein«
PÜTZGASSE

und rief dann in der Nähe der Tür stehend: Ich beschwöre dich, unreiner Geist, im Namen dessen, welcher kommen wird zu richten die Lebendigen und die Toten (…), dass, wenn dieser Gestank von dir herrührt, solches offenbar werde und du so Gott und diesen seinen Heiligen die gebührende Ehre erweist! Wunderbar, kaum hatte er diese Worte gesprochen, da flog vor aller Augen mitten aus den Gebeinen ein großer Pferdeknochen und fiel von einem Sturmwind getrieben außerhalb des Kapitelsaals zu Boden. Mit ihm war aber auch der Geruch verschwunden, und es machte sich der süßeste Wohlgeruch bemerkbar. Da priesen alle Gott, der das Werk des Teufels zunichte gemacht, seine Heiligen aber verherrlicht hat.«

Einen festen Platz in unseren Herzen nahm auch die Liebfrauenkirche in Oberwesel ein mit ihrem großen Reliquienaltar, vor dem wir immer saßen, bevor wir zur Bank im Kreuzganggarten gingen. Sie ließ uns an den Vers von Ferdinand Freiligrath denken: »Und durch des Kreuzgangs düstre Bogenreihn / Herschaut ein Gärtlein, rankig und verwildert.« Anschließend kehrten wir im Weinhaus »Zum Lamm« ein.

AM PANTALEONSBERG

Anton und Rosa, der eine aus Böhmen, die andere aus
Bayern, sind dankbar dafür, dass sie der Weg nach Köln
geführt hat. Mitten in der Stadt fand Rosa den geeigne-
ten Ort für uns, mit Blick auf das Grün der Bäume und
auf das von Kaiserin Theophanu geförderte Westwerk
von St. Pantaleon. In der Kirche betrachteten wir oft die
Kristallbekrönung des Albinusschreins. Am Pantaleons-
berg 7 verbrachten wir viele Jahre, manchmal nur in Gesellschaft von Eichhörnchen und Meisen. Es kam mir vor
wie auf Gabriele Münters Gemälde *Frühstück der Vögel*.
Auch von mir hat es ein Ebenbild gegeben, in Gestalt eines
Mopses, den Rosa im »Lädchen« erwarb und mich nach
ihm benannte. Gleich neben dem »Lädchen« liegt die
Kirche St. Maria in der Kupfergasse, in der wir oft Einkehr hielten und nach altem Brauch am Eingang Kerzen
anzündeten, wie dies Ludwig Sebus in seinem Lied »Bei
d'r schwazze Madonna en d'r Kofferjass« besingt. Eben
dort hat unser alter Freund Peter Straub später ein eige-
nes Requiem für Rosa bestellt.

   Immer freuten wir uns über Hans Prähofers Briefe
und Bilder, darunter seinen Heiland. An Weihnachten
schmückten wir den Christbaum mit den alten Christ-
baumkugeln, an Ostern hatten wir die schön bemalten
Ostereier, die wir in früheren Zeiten von den Marktfrau-
en aus Prag mitgebracht hatten. Doch bald nach dem

70. Jahrestag der Vermählung, den man Gnadenhochzeit nennt, ging Rosa nach Melaten voraus und ließ mich allein mit den Erinnerungen zurück, mit ihren Bildnissen, mit dem Salzburger Loretokindl, das sie in München ersteigerte, und dem Bergkristall, den sie mir einst zu meiner Freiburger Bergkristallforschung schenkte.

AUF MELATEN

Am 5. Oktober 2020, in der Nacht von Sonntag auf Montag, hat Rosa aufgehört zu atmen. So fand ein gemeinsames Leben ein Ende, das in einer kleinen Stadt am Inn nach den Schrecken des Krieges seinen Anfang nahm. In einem hellen Sarg mit rosa Rosen wurde sie auf Melaten bestattet. So sitze ich jetzt hier am Grab vor dem Bild aus Kreuz und Auferstehung und denke zurück an eine vergangene Zeit.

Am Grab auf Melaten

DANK

Dieses kleine Buch verdankt sein Dasein den guten Freundinnen und Nachbarinnen im Hause, Lucia Cerne und Barbara Schellenberger. Sie wurden nicht müde, mich darin zu bestärken, meine Erinnerungen niederzuschreiben, die Damian van Melis mit seiner so aufmerksamen Crew in alter Verbundenheit von Autor und Verlag herausgebracht hat.

ANMERKUNGEN

[1] Köln, Vierteljahresschrift für die Freunde der Stadt 2, 1977

[2] Anton Legner, Der Artifex. Künstler im Mittelalter und ihre Selbstdarstellung, Köln 2009

[3] Anton Legner, Der Artifex. Künstler im Mittelalter und ihre Selbstdarstellung, Köln 2009, S. 176 f.

[4] Anton Legner, Über die dicken Ausstellungskataloge, in: Ulrich Schneider (Hrsg.), Festschrift für Gerhard Bott zum 60. Geburtstag, Nürnberg 1987, S. 187–191

[5] Günter Irmscher / Saskia Durian-Ress (Hrsg.), Der Breisgauer Bergkristallschliff der frühen Neuzeit. »Natur und Kunst beisammen haben«, München 1997

[6] Anton Legner, Islamische Keramik in Resafa, in: Les Annales Archeologiques de Syrie XIV, 1964, S. 98 ff.

[7] Anton Legner, Das Liebieghaus und seine Studiensammlungen, in: Museumskunde 2, 1970, S. 101–107

[8] Anton Legner, Anticos Apoll vom Belvedere, in: Städel-Jahrbuch Ser. NF, vol. 1, 1967, S. 102–118

[9] Anton Legner, Der Alabasteraltar aus Rimini, in: Städel-Jahrbuch Ser. 2, vol. 2, 1969, S. 101–168

[10] Regina Urbanek, Die Goldene Kammer von St. Ursula in Köln. Zu Gestalt und Ausstattung vom Mittelalter bis zum Barock, Worms 2010

[11] Mario Kramp (Hrsg.), Ralf König, Das Ursula-Projekt – elftausend Jungfrauen. Begleitband zur Ausstellung im Kölnischen Stadtmuseum vom 13. Oktober 2012 bis 9. Februar 2013, Köln 2012

[12] Anton Legner, Die Grabfigur des Erzbischofs Konrad von Hochstaden im Kölner Dom, in: Peter Bloch et al. (Hrsg.), Intuition

und Kunstwissenschaft. Festschrift für Hanns Swarzenski zum 70. Geburtstag, Berlin 1973, S. 261–290

[13] Anton Legner, Zu einer neuerworbenen Paternosterkette im Schnütgen-Museum, in: Museen in Köln 10, 1971, S. 963 f.

[14] Anton Legner (Hrsg.), Rhein und Maas. Kunst und Kultur 800–1400, Bd. 2, Berichte, Beiträge und Forschungen zum Themenkreis der Ausstellung und des Katalogs, Köln 1973

[15] Anton Legner, Salzburger und Passauer Bildnerei zur Zeit Leinbergers und der Donauschulmaler. Dissertation Universität Freiburg im Breisgau, 1954

[16] Anton Legner (Hrsg.), Kunst der Gotik aus Böhmen, Katalog zur Ausstellung im Schnütgen-Museum, Köln 1985

[17] Anton Legner, Das Andachtsbild im späten Mittelalter: Eine Betrachtung vor dem Elendchristus im Braunschweiger Dom, in: Stadt im Wandel. Kunst und Kultur des Bürgertums in Norddeutschland 1150–1650, Braunschweig 1985, 4, S. 449–465

[18] Beat Brenk, Ornamenta ecclesiae: Kunst und Künstler der Romanik in Köln, in: Kunstchronik 38, 1985, S. 287–289

[19] Anton Legner, Reliquienpräsenz und Wanddekoration. Mit einem Beitrag über Kriegsschäden und Wiederherstellung von Anton Goergen, in: Beiträge zu den Bau- und Kunstdenkmälern im Rheinland 28, Die Jesuitenkirche St. Mariae Himmelfahrt in Köln, Düsseldorf 1982, S. 269–298

[20] Anton Legner, Kölnische Hagiophilie. Die Domreliquienschränke und ihre Nachfolgeschaft in Kölner Kirchen, in: Kölner Domblatt 51, 1986, S. 195–274

[21] Anton Legner, Kölner Heilige und Heiligtümer. Ein Jahrtausend europäischer Reliquienkultur, Köln 2003

[22] Anton Legner, Kölner Heilige und Heiligtümer. Ein Jahrtausend europäischer Reliquienkultur, Köln 2003

[23] Anton Legner, Der Artifex. Künstler im Mittelalter und ihre Selbstdarstellung, Köln 2009

BILDNACHWEIS

Professor Dr. Anton Legner (geb. 1928) war von 1970 bis 1990 Direktor des Museum Schnütgen in Köln. Er veröffentlichte zahlreiche Bücher, darunter Standardwerke zur Kunst des Mittelalters und zur Heiligenverehrung in Köln. Zuletzt erschienen von ihm im Greven Verlag *Kölner Reliquienkultur. Stimmen von Pilgern, Reisenden und Einheimischen* sowie *Faszination Bergkristall. Kölner Erinnerungen.*

© Greven Verlag Köln, 2023
Lektorat: Wera Reusch, Köln
Gestaltung: Thomas Neuhaus, Billerbeck
Satz: Angelika Kudella, Köln
Gesetzt aus der Minion Pro
Lithografie: prepress, Köln
Papier: Fly 05 spezial weiß
Druck und Bindung: Beltz, Bad Langensalza
Alle Rechte vorbehalten
ISBN: 978-3-7743-0971-5

Detaillierte Informationen über alle unsere Bücher finden Sie unter **www.greven-verlag.de**